サイレントリッチ

silent rich

誰にも気づかれずに億り人になる
静かな投資術

松田ロアンナ理彩

講談社

サイレントリッチ

誰にも気づかれずに億り人になる静かな投資術

誰にも気付かれず、静かにお金持ちになれる資産形成術がある

はじめに

いま、多くの人がお金に関心を持っています。特に老後資金については、よほどめぐまれた一部の人を除いて、多くの人に共通する悩みと言っていいでしょう。

なぜ、老後資金に不安を感じるのでしょうか。

終身雇用、年功序列といったかつての日本企業の常識が消滅して、長く会社に勤めても給料が増えなくなった。

公的年金制度に対する信頼が薄れた。

医学が発達し寿命が大幅に延びた。

これらも要因でしょうが、はっきり言えば、老後を安心して暮らせるだけの資産を準備できないかもしれないということでしょう。

年金があてにならなくても自分自身に潤沢な資産があれば、老後を不安に感じることはないはずです。

では、どうしてみなさんの資産が増えないのでしょうか。

投資や運用の能力がないからでしょうか。節約が足りないのでしょうか。

そうではありません。

間違ったお金の常識を信じてしまい、あまりに安全を追い求めすぎて、本来得られるはずの恩恵をみすみす放棄しているのです。

それに関連して、ひとつ質問をします。

AとB、2枚の絵画があります。2枚はまったく同じ絵ですが、購入条件が異なります。

Aの販売価格は20万円、36年後に40万円戻ってきます。

Bの販売価格は10万円、36年後にお金は戻ってきません。

どちらも絵画は購入後すぐにあなたのものになり、36年後に返却義務はありません。

販売している会社は大手上場企業が経営しているので、36年後の倒産を心配する必要はありません。あなたのお財布の中には20万円あります。

あなたならどちらの絵画を選びますか。

どちらを選びますか

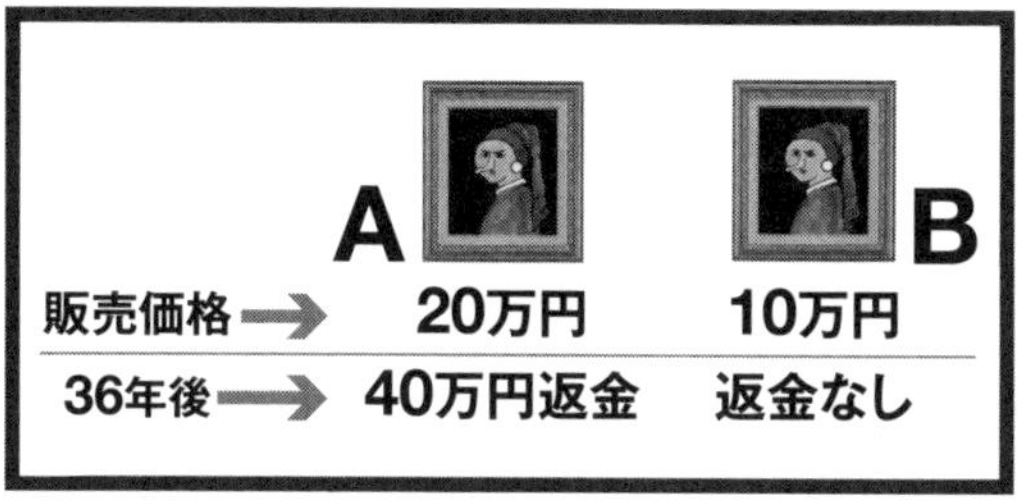

なぜお金が増える金融商品を選択しないのか

恐らく、多くの人はAを選ぶのではないでしょうか。

私はこの質問を何千人という人にしてきましたが、8割以上の方がAを選びます。

何しろ、Bより10万円多く支払うとはいえ、36年後には確実に40万円が手に入るのです。それはつまり絵画が無料で購入できて、その上に支払った2倍のお金が返金されるのですから、より有利な条件に感じるのでしょう。

どちらを選ぶかはその人の価値観によりますし、どちらが正解とも言えません。

しかし、どちらに経済的合理性があるかと言えば、間違いなくBです。

しかも、多くのお金持ちに同じ質問をすれば、間違いなく

Bと答えるでしょう。

実はここに、多くの日本人が老後を安心して暮らせるだけの潤沢な資産を手に入れられない理由があるのです。簡単に説明すると、Bを選び、手元に残った10万円を自分で投資運用すれば、Aを選んで36年後に得られる40万円よりもはるかに大きなお金が手に入る可能性がきわめて高くなります。Aを選ぶ人は、その選択肢を知らないということなのです。

それでも、あなたはAを選ぶと答えるかもしれません。

投資や運用の収益なんてあくまで仮定の話で、必ずそうなるとは限らないじゃないか――そんな風に考える人も少なくないでしょう。では逆に、あなたが販売する人の立場であればAとBどちらを販売したいでしょうか。また、どういう理由でAは36年後に40万円の返金を保証できるのでしょうか。当然、損をすると分かっていて返金を保証する人はいません。そこにこのカラクリの答えがあります。

この絵画の話は喩《たと》え話ですが、実は金融商品を選択する際に多くの人がしている過ちを示したものです。つまり、多くの人は、選択肢があることを知らないがゆえに、金融商品を選ぶ時、正しくない選択をしているのです。もっとお金を増やすことができる金融商品が他にあるにもかかわらず、なぜか自ら進んで損をするほうを選んでいると言ってもいいでしょう。

しかし、それは仕方のないことかもしれません。なぜなら、他に選択肢があることを知らない、あるいは他に選択肢があることを教えてもらえないからです。

まず、金融商品を販売する側は、あなたにとって得になる選択肢を勧めたがりません。むしろ「これがあなたに最適な商品です」と言いながら、本当は販売する側が得になる商品を勧めることのほうが多いのが現実です。

あるいはあなた自身が、Bを選び手元に残った10万円を運用する選択肢を知っていても、それを選ばないかもしれません。なぜなら「投資」に対して多くの日本人は潜在的に「危ない」「損をする」「ギャンブルだ」と思っているからです。それが投資や運用を拒絶してしまうのです。このため、もっとお金が増える可能性のある方法があると知っていたとしても、あえて、少ないけれど確実な利益が手に入るほうを選んでしまうのです。

こうしたことの積み重ねの結果、潤沢な資産を形成しないまま年を取り、老後不安を招くことになっているのです。

日本でも近年、「貯蓄から投資へ」というスローガンを耳にするようになり、ようやく投資への関心が高まってきました。少額投資非課税制度が2024年に拡充され、新NISA（Nippon Individual Savings Account）となったことをきっかけに投資を始めた方も多いのではないでしょうか。とてもいいことですが、同時に私は懸念も抱いています。

今まで貯蓄しかしてこなかった人が、投資で成功し、資産形成するためには、お金の配置に関する正しい考え方を知っていなければいけないからです。

その考え方を知らないと、思い描いている結果が得られない危険性が高く、やがては投資熱が冷めて投資をやめてしまうことになりかねません。

今後は公的年金も老後の生活を支えるために充分な給付水準を維持できない可能性があり、物価は高騰しつづけ、節約もすでに限界です。給料もあまり上がっていないという人も多いでしょう。こうした中であなたの資産を増やすための方法として、「投資」を選択することは最も現実的で有利な方法です。リスクがあるからといって、それを途中で投げ出してしまうのはとても残念なことです。

何のリスクも取らないということが、人生において最大のリスクだと気付かない人が多いのです。

金持ちになりたいと言いながら何もしない人が、そのいい例でしょう。「節約」や「お金を使わない我慢」をしている人はたくさんいます。しかし「節約」や「お金を使わない我慢」だけではあなたの資産を増やすことはできないのです。

安心を求めているつもりが、将来の不安を招いてしまっているとすれば本末転倒でしょう。

誰でも億り人になれる時代が来た

近年、FIREという言葉をよく聞きます。Financial Independence, Retire Earlyの頭文字を取った言葉で、経済的な自立を実現させて、仕事を早期にリタイヤするライフプランのことです。経済的自立を実現するとは、要するに一生、生活に困らないだけの資金を手に入れるということです。FIREを実現するために資産運用で「億り人」を目指す人もいます。ライフプランについて、日本人の価値観が以前とは変化し、多様化していることは間違いないでしょう。

しかし、FIREを現実のものにするような大金は誰にでも手に入るものではありません。起業してビジネスで成功しＩＰＯ（＝新規株式公開／Initial Public Offering）で億単位のお金を得るケースもありますが、これもきわめて稀でしょう。

スタートアップカンパニーでは将来ＩＰＯを目指すかどうかが、優秀な人材が集まるかどうかを決める重要な要素と言われています。しかし、自分が勤めている会社が将来ＩＰＯするかどうかは、ゴルフでホールインワンを出すのと同じくらい低い確率だそうです。

だとすれば、ほとんどの人は経験できないと考えるのが妥当です。どんな方法を選んだとしても短期間で億単位の富を築くことに成功する確率はきわめて低く、誰にでもできるわけではありません。

でも、悲観する必要はありません。

誰にでもできて、今までと変わらない生活をしながらお金持ちになる、成功率がとても高い方法が存在するからです。それは、『サイレントトリッチ』を目指すという道です。

聞き慣れない言葉ですが、これは、アメリカで50年程前から普通の人たちが実践している資産形成術を指す、著者の造語です。

ごく一般的な給料を得て、普通の生活を送っているアメリカ人が、この資産形成の方法を実践して、引退時に億単位の資産を作っているのです。

資産を増やすシンプルな方法

アメリカ人が株式での投資で資産を作っているという話はお聞きになったことがあるでしょう。日本銀行調査統計局によると、個人金融資産の内訳で日本では現金・預金が約51%、株式・投資信託が約20%なのに対し、アメリカでは現金・預金が約12%、株式・投資信託が約53%とほぼ逆の割合になっています（「資金循環の日米欧比較」2024年8月30日）。しかし、アメリカ人の投資スタイルを誤解している人が少なくないようです。投資といえば、デイトレードや、一か八かの大博打を連想してしまうかもしれません。また、アメリカ人は子どもの頃から株についての勉強をしていて、日本人の自分とは違うと思っているかもしれません。

しかし、それらはすべて誤解です。アメリカ人でもデイトレード的な投資をしているのはごく一部です。普通の庶民の投資は、歴史のある投資信託に毎月コツコツ積立投資をして、安定的に資産を増やすスタイルが断然、主流です。

しかも、そうした投資をいわゆる低所得層の人たちもやっています。彼らは投資資金をどうやって捻出《ねんしゅつ》しているのでしょうか。無駄な支出をやめていると言っても、食費を削るような節約ではありません。詳しくは本文で説明しますが、あなたが今、当たり前のように使っているお金の置き場所を、適正な場所に配置換えするだけで、引退する時には大きな資産を手に入れることができるのです。

自己紹介が遅くなりましたが、私は松田ロアンナ理彩と申します。アメリカ・カリフォルニア州で個人と中小企業向けに独立系ファイナンシャルアドバイザー（ＩＦＡ＝Independent Financial Advisor）をしています。私が投資の世界に入ったのは１９９６年。それまで日本で投資に関わる仕事をしていたわけではありません。大学卒業後にアメリカ人と結婚し、渡米してからなので、もう25年以上前になります。渡米後、英語の勉強をしようと思っていたところ、証券業をしていた知り合いから、アメリカの「証券ライセンス」の資格を取れば英語の勉強とお金の勉強の両方ができて、仕事も得られると言われたのがきっかけです。

分厚い英語の本を渡され、受験に備えて勉強し準備する必要がありました。一つのテストが3～5時間、３つのライセンステストにパスしなければいけませんでした。大変でしたが、なんとか「証券ライセンス」試験に合格し、金融の仕事をスタートすることができたのです。

私が所属したのは、ＩＦＡをフランチャイズ展開する１９７７年創業の会社でした。日本でもＩＦＡという言葉が少しずつメディアで取り上げられるようになりました。簡単に説明すると、証券会社や銀行や保険会社に所属せず中立的な立場で顧客のニーズに合った資産形成をアドバイスし、金融商品の購入や売却のお手伝いをする仕事です。

クライアントの立場に立ち、その資産を増やすことで、クライアントの信頼を得て長い付き合いをしていきます。中には25年以上の付き合いがあるクライアントもたくさんいます。最近ではクライアントのお子さんが、新たにクライアントになってくれています。本当に嬉しいことです。

この会社は、創業時から「家計の中にあるお金を適正な場所に配置換えすることで捻出した資金を投資で増やす」ことで実績を上げ、顧客の信頼を集めてきました。

当時この方法はアメリカでも決してポピュラーではありませんでしたが、今ではテレビや雑誌に出ている有名ファイナンシャルアドバイザーもこの方法を勧めるようになり、アメリカにおける資産形成のスタンダードになっています。私は２００１年からこの会社のフランチャイズオーナーとなり、現在は3店舗を運営してクライアントのみなさんからお預かりしている資産総額は約6500万ドル、日本円で約100億円（1ドル＝150円換算）になっています。

私は金融を大学で専門的に勉強したこともないし、日本にいた時も金融関係の会社に勤めていたわけでもありません。それどころか株を買ったこともありませんでした。日本にいた時やっていたのは銀行預金と貯蓄型保険だけ。それも両親のもとに長年出入りしていた生命保険会社の外交員の女性から勧められるままに加入したものです。そんな状態でしたから、この会社が提唱している資産形成術を知った時は目からウロコが落ちるような驚きがありました。資産運用についてそれほど知識がない普通の人たちが、このやり方で大きな資産を手に入れていたのです。

日本でも2024年に新ＮＩＳＡがスタートし、国も個人の投資を後押しする体制を提供しています。新ＮＩＳＡをきっかけに多くの関連書籍が出版され、メディアでも制度の仕組みやメリットや運用商品が紹介されています。しかし、環境が整っても、お金を増やすための考え方とお金の配置に関する考え方を知らなければ、大きな成果は得られません。

日本のみなさんにこの真実を知ってもらい、実行してほしいという強い気持ちから本書を書きました。

いまアメリカでは、401k（後述）などをはじめとする引退資金口座を30年以上保有している人の10人に一人が、引退時には100万ドル（1億5000万円／1ドル＝150円換算）以上の資産残高になっていると言われています。投資信託に毎月コツコツ積立投資を続けただけで日本で言う「億り人」になっているのです。

本書を手に取ったあなたにも、そのチャンスがあるのです。

これまで抱えてきた漠然としたお金の不安を『サイレントリッチ』で解決してください。

※本書では具体的な銘柄や投資信託に触れていますが、投資に関する判断は投資家ご自身の責任において行ってください。

目次

はじめに……3
●なぜお金が増える金融商品を選択しないのか……5
●誰でも億り人になれる時代が来た……9
●資産を増やすシンプルな方法……11

第1章 目指すは『サイレントリッチ』

●1億円あったら大金持ちですか？……22
●普通の人がお金持ちになれる……26
●50年の実績がある投資法……36
●日本にも『サイレントリッチ』の波が来た……46
●「サイレントプア」との分かれ道……48

第2章
『サイレントリッチ』になるための発想転換

●株式投資は危険なものなのか……52
●完全な保証のある投資はない……59
●投資のリスクは克服できる……67
●投資に向かない人もいる……73
●株式投資しないことがリスクである理由……75

第3章
『サイレントリッチ』になるための資産形成術

●なぜ「投資」を始めないといけないのか……88

第4章

『サイレントリッチ』になるための運用資金捻出術

- そもそも「投資」とは何か……94
- 「投資の神様」が稼いでくれる……97
- どの「商品」に投資するべきか……101
- 商品の銘柄選定に悩む必要はない……104
- 為替リスクをどう考えるのか……115
- 長期のバイ&ホールドが最強……118
- ドルコスト平均法……122
- 新NISAを活用し非課税で投資する……128
- 証券会社の選び方……132
- 『サイレントリッチ』への一歩を踏み出そう……134

第5章

『サイレントリッチ』なお金の使い方

●「投資する資金がない」は本当か……142
●なぜ生命保険に加入するのか……148
●生命保険から投資のお金を捻出する……150
●保険の見直しをためらう心理……157
●保険見直しは順番が重要……167
●年齢別・保険見直しの考え方……171
●医療保険も見直しの対象……176
●教育資金に保険が必要か……184
●引退は第二の人生のスタート……192
●お金の使い方——引退後編……196

●まずは現状を把握しよう……201
●配当金の活用で減らさず使う……204
●配当貴族銘柄に投資するなら……210
●引退後のお金の使い方……212
●お金の使い方——現役編……221
●50代以上のお金の使い方……225
●「倹約家」と「節約家」の違い……230
●目的を持ってお金を使う……233
おわりに……238

第1章

目指すは『サイレントリッチ』

1億円あったら大金持ちですか？

「お金持ちになりたい」

言葉に出すかどうかはともかく、多くの人がそう思っているはずです。

『サイレントリッチ』というタイトルを見て本書を手に取った方は、間違いなくそう考えていることでしょう。

お金持ちになりたいなどと言うと、恥ずかしいことのように感じるかもしれませんが、決してそんなことはありません。むしろ目標を持って生きているということはとても素晴らしいというのが、私の認識です。明確に目標を持つことは、目標を持たない人よりも目標達成の確率が間違いなく高くなるからです。

一言で「お金持ち」と言っても、明確な定義があるわけではありません。暮らしている環境や年齢などによっても異なると思います。

私はいまアメリカで個人と法人のクライアントを対象に資産運用や管理のアドバイスを行っています。アメリカのオフィスはカリフォルニア州サンフランシスコのベイエリアにあるシリコンバレーです。多くのＩＴ企業が集まるエリアとして知られています。

シリコンバレーで生活をしていると、日本では考えられないようなシーンに遭遇することがあります。先日もこんなことがありました。

私のクライアントの一人である寿司店のオーナー、ケンの店に、投資の話で行った時のことです。お昼の営業時間が終わるまで時間があったので、私も久しぶりにケンの寿司を食べて待つことにしました。店はカウンター席しかない小さなレストランですが、富裕層が多く住むエリアにあり、常連客は引退した金持ちが多いのです。

寿司はとても美味しいのですが、店内はやや年季が入っていて、全体的に古い感じです。特に使い込まれた床のフローリングは、段差ができて歪んでいるところもあります。それを見た常連客のマイクがケンに尋ねました。

「新しいフローリングに張り替えないのかい？」

「残念ながらお金がないんですよ。まあ、あってもその分いいネタを仕入れるのに使ったほうがいいと思っていますけどね」

少し照れながらケンがそう答えると、マイクは何も言わずに「そうか。ケンらしいね」といった様子で寿司を食べ、店を後にしました。

次の週、私が再び投資の話でケンの店に行くと、店の床が新しいフローリングに替わっていたのです。

ケンに理由を尋ねるとニコニコしながら教えてくれました。

「あの日、マイクが帰ってから知り合いの工務店の人を連れてきてくれて、新しいフローリングに床を張り替えてくれたんだよ」

「いくら支払ったの？」

ケンはまたもや笑顔で「タダ」と一言。ケンによると、マイクはケンの寿司が大好きだからケンの店のために床を新しいフローリングに替えたいと申し出たというのです。なんと、フローリング代は2万ドル（300万円／1ドル＝150円換算）だったそうです。日本ではめったに聞かない話ですが、シリコンバレーでは特別なことではありません。

金持ちといっても、様々です。世界の長者番付に入るような一人で何兆円という想像できない金額を持っている金持ちもいれば、「億り人」と呼ばれる1億円以上の資産を作った人も、日本では充分にお金持ちと言っていいでしょう。

では、あなたはどのレベルのお金持ちを目指しているのでしょうか。

「億万長者」すなわち資産1億円以上と考える人が多いのではないでしょうか。一般に日本の金融機関では金融資産1億円以上を「富裕層」の目安にしているようです。

実際この水準を目指している人が多いかもしれません。

しかし、本書が目指すお金持ちは、そうした具体的な資産額で規定されるものではありません。もちろん、世間がうらやむようなゴージャスな暮らしでもありません。プライベートジェットやスーパーカー、ヨットを持っているとか、世界中に別荘があるとか、高級ブランドをいつも身につけているとか、セレブのパーティに呼ばれる等々、ではないのです。

そもそもそんな暮らしをしたいと思っている人はごく一部で、多くの人は成金的な金持ちを目指しているわけではないと思います。

では、『サイレントリッチ』とはどんなお金持ちなのでしょうか。

それは、お金に余裕がある生活ができる人たちです。

レストランでどのメニューを選ぶか値段を見て決めるのではなく、食べたいものを家族に食べさせることができる。スーパーマーケットで買い物をする時に予算内で買うのではなく、欲しいものを買い物カゴに入れることができる。子どもがやりたいことをあきらめることなく挑戦させてあげられる。年に数回は家族で国内や海外を旅行できる、そんなお金持ちです。

恐らくこの本を手に取ったあなたが求めているのも、そんな生活や人生ではないでしょうか。そのためには、ある程度の規模の資産が必要です。その目安として1億円という金額も、間違っていないでしょう。

しかし、具体的な目標金額にこだわりすぎることはお勧めできません。運良く短期間で目標額を達成してしまうと、気持ちが緩んでしまうからです。金銭感覚がおかしくなって、せっかく作った資産を短期間で失ってしまう危険さえあります。

本書で紹介する資産形成術は、短期間でお金持ちにはなれないというところに大きな特徴があります。時間をかけて着実に、しかも本人が意識しないうちにお金持ちへの階段を上がることができるのが『サイレントリッチ』です。

あなたがそうした方法を望んでいるのなら、ぜひ本書を読み進めてみてください。

普通の人がお金持ちになれる

では『サイレントリッチ』とは具体的にどんなやり方なのでしょうか。

具体的な運用方法などを解説する前に、その特徴を説明していきましょう。

特徴1：誰にも気付かれず静かに「お金持ち」になれる

お金持ちを目指す時に「派手に金持ちになる人」と「静かに金持ちになる人」がいます。

「派手に金持ちになる」というのは、所有する株が値上がりして儲かったとして、高級レストランで高価なワインを開けたり、ブランド品や高級車を購入したり、セレブ生活的な写真や動画をＳＮＳにあげたりする人たちのことです。自分自身がお金持ちになっていく姿を世間に見せることを好むタイプの人と言ってもいいでしょう。

その真逆が『サイレントリッチ』です。すなわち、今までの生活と同じ行動をとり、誰にも気付かれず静かに金持ちになるタイプの人たちです。どちらを選ぶかは、みなさんの性格や価値観次第なので、どちらが良いとも悪いとも言えませんが、私は誰にも気付かれず静かに金持ちになる『サイレントリッチ』をお勧めしたいと思っています。

資産が増えても行動パターンが変わらず、周囲の人たちは誰もそのことに気付かないので、セキュリティ上メリットがあるからです。世界一安全な国と言われていた日本も残念ながらここ数年は徐々に治安が悪くなっているように感じます。しかし『サイレントリッチ』なら泥棒や強盗や詐欺に狙われる確率は低くなるはずです。アメリカをはじめ世界中の先進国では誘拐が多発しています。家族が誘拐の被害に遭った場合に保険金が下りる「誘拐保険」まであるほどです。最近は身代金目当ての大金持ちを狙う誘拐ばかりとは限りません。SNSなどにセレブな写真や動画を投稿していると、普通の人もターゲットにされるのです。

あなたを狙うのは犯罪者などの悪い人ばかりではありません。国税庁の職員も、SNSをしっかりとチェックしています。ある人が高級ホテルのスイートルームのお風呂の湯船いっぱいに1万円札を浮かべている動画をSNSに投稿したところ、1ヵ月後に国税庁の査察が入り、追徴課税4000万円を請求されたという記事を読んだことがあります。

こうした事態を回避するためには、資産の形成過程も、さらに言えば資産を使う段階に入っても、それまでと大きく生活スタイルを変えない『サイレントリッチ』は最適と言えるでしょう。

特徴2：始める時点で資産運用の知識は必要ない

投資や資産運用と聞くと、反射的に難しいものと思う人が多いようです。それは投資や運用には専門知識が必要で、それが自分には備わっていないと考えるからでしょう。

しかし、『サイレントリッチ』を達成するに当たり、そうしたものは必要ありません。

投資のスタート時に知識も経験もない方でも、多くの場合目標を達成できます。本書で紹介する方法で投資を続けていくと目に見えて資産が増えていくため、自然に投資に興味が湧き、勉強しようという気持ちになるのです。投資を続けていればどんどんお金が増えることが分かってくると、さらに増やしたいという気持ちが出てきて、次に何が必要か自ら考え始めるのです。

アメリカでも、普通の庶民生活を送っている人がはじめからお金や投資の知識を持っているわけではありません。

アメリカの小学校ではお金や投資について学ぶ授業があるから子どもの時からお金や投資の知識があると言っている人がいますが、実際はそうではありません。

私も子どもをアメリカの公立小学校に通わせていたのでよく知っていますが、お金や投資の授業があったとしても子ども本人がそのことを理解して、将来活用することができるかどうかは別の話です。日本でも小学校で英語の学習が始まり、中学と高校で英語の授業が6年間ありますが、大人になって英語を使う人と使わない人がいるのと同じだと言えば、理解できるのではないでしょうか。

たとえばゴルフを始める際、本を読んでルールやフォームを頭で理解してから、打ちっぱなしに行って練習を重ね、ある程度打てるようになった段階でコースに出る方法と、失敗しながらも何度もコースを回って技術を習得する方法があるとした場合、ゴルフをプレーしつづけることができる確率は、どちらの方法のほうが高いと思いますか。

おそらく、多くの人は前者と答えるでしょう。私も前者のほうが理想的で技術の習得も早いのではないかと思います。

しかし、現実問題としてどれだけの人が、前者を実行する時間があるでしょうか。特に仕事や子育てで忙しい日常生活を送っている人であれば、ゴルフのために時間を割くことは容易ではないでしょう。結果的に何もしないまま時間が過ぎてしまい、気がついた時にはゴルフをしたい、という欲求自体が消えてしまった。そんな経験のある人も、きっと多いことでしょう。

投資についてもまったく同じことが言えるのではないでしょうか。勉強をしてから始めようと考えて行動を先延ばしにし、気付いたら10年が経っていたというパターンです。

投資の世界では10年も過ぎると環境が大きく変わってしまい、知識が役に立たなくなることもありますし、何より10年もあれば資金を大きく増やすことができます。元本を2倍にすることも不可能ではないでしょう。そうした可能性をみすみす放棄することほど残念なことはありません。

投資の勉強をしてからスタートするのは一見、確実で合理的なようで、実は大きな損失になりかねないのです。その点、ほとんど知識などなくてもスタートを切ることができる本書で紹介する方法は理にかなっていて、多くの投資初心者にとってベストな方法なのです。

特徴3：投資のお金を捻出するために節約や努力が必要ない

「お金がないから投資できない」「投資はお金がある人がするものだ」などという話を聞きます。インフレで生活コストは上がっていますし、少子高齢化によって税金や社会保障の負担が大きくなる可能性が高いと言われます。一方で給料はインフレ率ほど上がることは期待しにくいでしょう。

無駄遣いを止めたり、節約をしようにもすでに実行済みでこれ以上は逆さにしても何も出ないよ、という声も聞こえてきそうです。このままではお金の不安は永遠に続くのではないかとすら思えてきます。投資をしたくても、元手がないと感じる気持ちも分かります。しかし『サイレントリッチ』になるためには、これ以上の節約はもちろん、副業をして投資資金を捻出することも必要ありません。

いま使っているお金の置き場所を適正な場所に換えるだけで、投資するお金を捻出することが可能だからです。後で詳しく説明しますが、これこそ従来の資産形成のための方法と決定的に違うところです。

決して難しいことではありませんが、人から説明されない限り自分で気付くのは簡単ではありません。学校でも教えてくれないし、ファイナンシャルプランナーに相談してもこのやり方を提案されることは稀かもしれません。

日本にもファイナンシャルプランナーが数多く誕生していますが、多くは保険会社や銀行の紐付きで、その会社の利益になる商品に誘導しているのが現実です。どの金融商品を購入すればいいかの提案はしても、金融商品を買う必要がないという提案はしないでしょう。

運用や投資の情報が氾濫しているにもかかわらず、これまで日本で『サイレントリッチ』的アプローチが根付かなかった理由はここにあると私は思うのです。

特徴4：年代に関係なく始められる

『サイレントリッチ』になるのに手遅れはありません。どの年齢から始めても目的に到達できます。『サイレントリッチ』はすべての人間が平等に持っている「時間」という資産を武器にした投資手法なので、早くスタートするほうがいいのは間違いありませんが、年を重ねた人には若い人にはない武器も備わっています。その武器を活用することで『サイレントリッチ』になれるからです。

早いスタートが重要と言われてもピンと来ないかもしれませんが、論より証拠。

AさんとBさん、二人の若者がいます。二人は引退する67歳までの間に毎年60万円（毎月5万円）を利回り9％で積立投資しました。ただし、スタートが少し異なります。

Aさんは22歳で積立投資を開始、29歳までの8年間に毎年60万円（毎月5万円）を積み立てました。投資額は合計480万円です。その後は一切、追加投資をせずに、67歳まで運用だけを続けました。

一方、BさんはAさんより8年遅れの30歳からスタートしたものの、30歳から67歳までの38年間、毎年60万円（毎月5万円）を積み立てました。投資総額は2280万円、Aさんの4倍以上です。

では、67歳時点で二人の資産はどうなっていると思いますか。

結果はAさんが約1億9000万円、Bさんは約1億8500万円です。

何とAさんのほうが500万円多くなっているのです。

そんなはずはない、計算間違いだろう——そう思うかもしれませんが、これは紛れもない事実です。

詳しくは別の項で説明しますが、早くスタートを切ることで、「複利」効果が加速され、利益が雪だるま式に増えていくのです。20代の方は、家計に余裕がないかもしれません。しかし、10年後に毎月3万円の積立投資を始めるつもりなら、たとえ毎月3000円でも今すぐ行動を起こすべきなのです。

それが大きな差を生み、『サイレントリッチ』への近道になるのです。

では、30代から40代を過ぎるともう遅いのでしょうか。そんなことはありません。30代にもなれば結婚して、お子さんがいる方も多いのではないでしょうか。人生について真剣に考えはじめるのもこの時期でしょう。リタイヤまでにはまだ充分な時間があり、時間という武器を充分活用できます。ただ一方で、収入に対して出費の割合が大きくなる世代です。教育資金、引退資金、中長期目的の投資、各種保険など適正

Aさん

	年齢	年間投資額	年末累積額
投資開始22歳	22	¥600,000	¥654,000
	23	¥600,000	¥1,366,860
	24	¥600,000	¥2,143,877
	25	¥600,000	¥2,990,826
	26	¥600,000	¥3,914,001
	27	¥600,000	¥4,920,261
	28	¥600,000	¥6,017,084
投資停止29歳	29	¥600,000	¥7,212,622
	30	0	¥7,861,758
	31	0	¥8,569,316
	32	0	¥9,340,554
	33	0	¥10,181,204
	34	0	¥11,097,513
	35	0	¥12,096,289
	36	0	¥13,184,955
	37	0	¥14,371,601
	38	0	¥15,665,045
	39	0	¥17,074,899
	40	0	¥18,611,640
	41	0	¥20,286,687
	42	0	¥22,112,489
	43	0	¥24,102,613
	44	0	¥26,271,849
	45	0	¥28,636,315
	46	0	¥31,213,583
	47	0	¥34,022,806
	48	0	¥37,084,858
	49	0	¥40,422,496
	50	0	¥44,060,520
	51	0	¥48,025,967
	52	0	¥52,348,304
	53	0	¥57,059,651
	54	0	¥62,195,020
	55	0	¥67,792,572
	56	0	¥73,893,903
	57	0	¥80,544,355
	58	0	¥87,793,347
	59	0	¥95,694,748
	60	0	¥104,307,275
	61	0	¥113,694,930
	62	0	¥123,927,474
	63	0	¥135,080,946
	64	0	¥147,238,231
	65	0	¥160,489,672
	66	0	¥174,933,743
	67	0	¥190,677,779
	合計投資額		¥4,800,000
	67歳までの累積額		¥190,677,779

Bさん

年齢	年間投資額	年末累積額	
22	0	0	
23	0	0	
24	0	0	
25	0	0	
26	0	0	
27	0	0	
28	0	0	
29	0	0	
30	¥600,000	¥654,000	投資開始30歳
31	¥600,000	¥1,366,860	
32	¥600,000	¥2,143,877	
33	¥600,000	¥2,990,826	
34	¥600,000	¥3,914,001	
35	¥600,000	¥4,920,261	
36	¥600,000	¥6,017,084	
37	¥600,000	¥7,212,622	
38	¥600,000	¥8,515,758	
39	¥600,000	¥9,936,176	
40	¥600,000	¥11,484,432	
41	¥600,000	¥13,172,031	
42	¥600,000	¥15,011,514	
43	¥600,000	¥17,016,550	
44	¥600,000	¥19,202,039	
45	¥600,000	¥21,584,223	
46	¥600,000	¥24,180,803	
47	¥600,000	¥27,011,075	
48	¥600,000	¥30,096,072	
49	¥600,000	¥33,458,718	
50	¥600,000	¥37,124,003	
51	¥600,000	¥41,119,163	
52	¥600,000	¥45,473,888	
53	¥600,000	¥50,220,538	
54	¥600,000	¥55,394,386	
55	¥600,000	¥61,033,881	
56	¥600,000	¥67,180,930	
57	¥600,000	¥73,881,214	
58	¥600,000	¥81,184,523	
59	¥600,000	¥89,145,130	
60	¥600,000	¥97,822,192	
61	¥600,000	¥107,280,189	
62	¥600,000	¥117,589,406	
63	¥600,000	¥128,826,453	
64	¥600,000	¥141,074,834	
65	¥600,000	¥154,425,569	
66	¥600,000	¥168,977,870	
67	¥600,000	¥184,839,878	投資停止67歳
合計投資額		¥22,800,000	
67歳までの累積額		¥184,839,878	

※積立NISA枠を利用、年利9%を想定

＊この表は「複利」の概念が数学的にどのように機能するかを示すデモンストレーション（手数料や税金は含まない）で、実際の投資パフォーマンスを保証するものではありません

な金融商品を選び、投資資金を確保することが重要です。

50代、60代のあなたは、残念ながら20代や30代の人ほど時間は残っていません。

しかし、これまでの蓄えがあるはず。これを投資に振り向ければ、同じ運用利回りでも大きく資産を増やすことが可能です。今後人生100年時代が来ることを考えれば、50歳でもまだ折り返しポイントを越えたばかりです。もしもこれまで投資をしてこなかったとしても、充分取り戻すチャンスはあるのです。

このようにそれぞれの年代で解決策があるのが『サイレントリッチ』の特徴です。気合を入れ過ぎずに、リラックスして、まずは「始める」、そして「続ける」ことができればあなたも『サイレントリッチ』になれるのです。

50年の実績がある投資法

『サイレントリッチ』の手法は今から50年程前にアメリカで生まれました。

きっかけは、1963年にノーマン・F・デイシー（Norman F. Dacey）が書いた『あなたの生命保険の何が問題なのか』（「What's Wrong With Your Life Insurance」、未邦訳）という本です。当時のアメリカでは生命保険の詐欺や欺瞞《ぎまん》の問題がたくさんあり、この本は生命保険業界の情報と保険商品の利点と欠点について書かれていました。その中の最も有名なキーワードが、「Buy Term and Invest the Difference」です。

Term とは Term Insurance の略で定期保険（掛け捨て保険）のことです。「生命保険は定期保険（掛け捨て保険）にして、投資は別にする」という意味です。もしあなたが貯蓄型保険に加入し、これで資産を増やしているのであれば、「生命保険は定期保険にして、貯蓄型保険で払っていた掛け金の差額を投資に使うべき」と言ったのです。

この考え方に関しては後ほど詳しく説明しますが、実は本が出た当初はアメリカでもすぐには受け入れられませんでした。あまりにそれまでの常識と違っていたからです。保険会社が大規模なネガティブキャンペーンを展開したこともあります。

しかし、徐々に彼の主張の正しさは認められ、今ではそれが資産運用のスタンダードになっているほどです。さらに時間をかけ、ブラッシュアップされて、徐々に今のやり方に到達したのです。

そこに至るまでには、大きく八つの歴史的な出来事がありました。この歴史的な出来事がすべて出揃ったのが今から30年ほど前の１９９０年代で、ここから爆発的に広がっていきました。

以下にその八つの出来事を見ていきましょう。

①アメリカ政府推奨の税金の恩典がある個人引退資金制度の登場（１９７４年）

アメリカでは'70年代の半ば以降に新たな公的年金制度が誕生しました。１９７４年に導入されたＩＲＡ個人年金口座（日本のｉＤｅＣｏに当たる確定拠出型の個人年金制度の一つ）や、１９７８年に始まった雇用主が従業員に退職後のための貯蓄をさせる手段として導入された４０１ｋプラン（会社がスポンサーになっている確定拠出型の個人年金制度の一つ）などです。これら二つの制度は、いずれも個人年金制度ですが、共通点は税金の恩典がある点です。これらのプランが個人の資産形成術が一般化するきっかけとなったと言っても過言ではないでしょう。

アメリカでは一部の巨大企業や公務員を除いて、日本のような退職金制度がありません。そのため、政府は50年も前から税金の恩典を与え、個人が将来の年金を作ることを推奨してきたのです。

特に４０１ｋプランは、本書が提案する資産形成術が広まる大きな転機になったと言えます。

「４０１ｋ」という呼び名は、アメリカ内国歳入法の第４０１条ｋ項に課税上の特典プランが定められていることに由来します。401kの特徴は、税制上の恩典に止まりません。401kに参加すると、社員本人がこの口座で投資した金額に対して会社からのマッチアップというボーナスがもらえることも大きなメリットです。

たとえば社員が毎月100ドルを投資した場合、その100ドルは給料から控除されるため、所得税が減額になります。加えて会社からもマッチングボーナスとして追加の拠出が与えられます。会社が拠出する金額は会社側が決めることができますが、社員が投資する金額と同額の場合が上限です。この例で言うと、本人が投資する金額100ドル、会社からのマッチアップ金額100ドルとなり、合計200ドルを毎月運用できることになります。

401k口座の投資先は、勤めている会社が用意した投資信託を中心とした複数のファンドから選ぶことになります。株式を上場している企業なら自社株が選択肢に含まれることもあります。現実としては投資信託を選ぶのが一般的です。特にそれまで株式投資経験がない場合は、ほぼ100%投資信託を選びます。

また、何かの目的でお金が必要になった時は401k口座からお金を借りることもできます。通常5年以内に返済しないといけませんが、毎月の投資金の中から利子を加えて返済し、残った分を投資にまわす仕組みなので、新たな負担は発生しません。

また、将来別の会社に転職した場合、新しい会社に401kプランがあれば、前の会社で積み立ててきた401kプランを新しい会社の401kプランに移すことも可能です。

これらのメリットを用意されたことでプランの利用者が激増、一般個人の資産運用への関心が高まり、今では株式で資産運用をすることが当たり前の社会になったのです。

401kでは会社がマッチアップボーナスを提供しないといけないという規則はありませんが、多くの会社は実施しています。アメリカ人が就職先を選ぶ際、仕事内容や給料に加えて福利厚生を重要視する人が多いからです。優秀な人材を確保したいと思えば福利厚生を充実させることは不可欠で、中でも401kを充実させることが重要になると分かっているからです。

個人が株式投資を通じて資産形成をするようになったことは、アメリカ経済にとてもいい経済循環を生むことになりました。アメリカ国民がアメリカの株式市場に投資する→アメリカの経済が動く→投資しているアメリカ国民に利益をもたらす。このようなプラスのスパイラルがアメリカ経済をさらに豊かにしているのです。分かりやすく言えば、投資家は株や社債などを買うことで企業に投資し、企業はその資金を元手にさらに規模を拡大して業績を向上させ、株価上昇につなげることができます。それが結果的に投資家の利益という形で還元されるのです。この繰り返しが株式市場を活性化させ、結果として『サイレントリッチ』になる人が増えているのです。

②「Buy Term and Invest the Difference」（1977年）

ノーマン・F・デイシーが『あなたの生命保険の何が問題なのか』（「What's Wrong With Your Life Insurance」）という本の中で提唱したアイデアが、後に『サイレントリッチ』を誕生させた直接のきっかけと言ってもいいでしょう。

先述したようにそれは、「Buy Term and Invest the Difference」という考え方です。「生命保険は定期保険にして、貯蓄型保険で払っていた掛け金の差額は投資に使うことができます」、というのが彼の主張でした。

当時のアメリカでは貯蓄型保険は定期保険に比べて5～10倍も保険料が高かったため、その差額を投資に使うという提案は魅力的でした。

1980年代半ばになってから、テレビや雑誌に出るファイナンシャルアドバイザーたちもこぞって「生命保険は掛け捨てを買い、お金は投資口座で別に増やす」と声をあげたことで、この考えが一気に広まっていったのです。

③オンライン証券会社の登場（1982年）

Eトレードとチャールズ・シュワブのオンライン証券会社が出現したことで、個人投資家が投資しやすい環境が整ったことも見逃せません。

Eトレード（現在はモルガン・スタンレーの一部門）は1982年に設立されました。電子取引プラットフォームを提供する会社としてスタートし、のちにオンライン証券取引の分野で成長します。

Eトレードは、個人投資家が株式、債券、オプション、投資信託など次々とオンラインで取引ができる金融商品の種類を広げていきました。Eトレードより以前（1971年）に設立されたチャールズ・シュワブも証券取引、投資アドバイス、資産管理などのサービスを提供する会社です。手数料の低減やアクセスの向上などに取り組んで個人投資家の利便性を高め、オンライン証券取引の分野で革新的な役割を果たしました。特に取引手数料の大幅な引き下げが、一般個人が株式投資に参加することを後押ししたのです。

④パーソナルコンピューターの登場（1980年代）

1980年代初頭にパーソナルコンピューターが市場に登場。個人用、家庭用、教育用など様々な用途にあったパソコンが提供されるようになりました。

⑤インターネットの登場（1990年代）

1990年代インターネットは一般向けに開放され、WEBブラウジング、電子メール、オンラインコミュニケーションが一般的に普及しました。特にWindows95が出た直後からオフィスや家庭でパソコンが急速に普及。株取引なども電話注文からネットが中心になったのはもちろん、経済情報に誰でも気軽にアクセスできるようになったことはきわめて画期的なことでした。

⑥スマートフォンの登場（1994年）

IBMがスマートフォンをはじめて製品化したのは1994年です。2007年に登場したアップルのiPhoneは、タッチスクリーン、アップストア、インターネットブラウジングなど、多くの革新的な機能を備えて大革命をもたらしました。以降、資産運用取引もスマホで行う時代になります。

⑦アメリカ政府推奨、税金の恩典がある引退資金や教育資金が続々と加わり充実（1996年）

引退資金口座として、トラディショナルIRA／ロースIRA／403b／457／シンプルIRA／セップIRA／デファインドベネフィットプラン／アニュイティ、教育資金口座として、UTMA & UGMA／カバデル／529プランなど、アメリカ政府推奨の税金の恩典があるプランが登場し、ほとんどの人がいずれかを利用するほど充実した内容になりました。

⑧アメリカの年金制度の枯渇《こかつ》問題（2010年）

アメリカのソーシャルセキュリティは、日本の社会保障制度の中の年金（国民年金、厚生年金）に該当する制度です。アメリカで10年以上働いて税金を納めれば誰でもこの年金を受給する資格が得られます。アメリカで10年以上にわたり駐在員として働いていた私のクライアントの日本人は、すでに引退して日本に住んでいますが、アメリカの年金を受け取っています。特に円安の今は、とてもありがたいと喜んでいました。

しかし2010年に年金事務所から私に届いたソーシャルセキュリティの見積書に

は、次のように書かれていました。

「アメリカのソーシャルセキュリティシステムは深刻な財政問題に直面している。このままでは2037年に社会保障信託基金は枯渇するだろう」

アメリカは2010年の段階で、すでに財政危機にあると国民に警鐘を鳴らしていたのです。最近では色々な引退資金制度導入を促進するよう法律で厳しく求める州も増えてきました。たとえばシリコンバレーがあるカリフォルニア州の従業員が5名以上いる会社では、「カルセーバー」と言われるリタイヤメントプランが義務化されました。2025年には従業員が1名以上いる会社でもこの法律が適用されることが決まっています。要するに会社を通してほぼ強制的に引退資金を貯めてもらおうとしていると言っていいでしょう。会社が用意した引退資金のプランに参加するかどうかは個人の自由です。しかし、そのための制度を会社に強制的に設けさせるのはアメリカ政府の危機感の表れと見て間違いありません。

こうした政府のメッセージが、さらに個人による資産運用熱を加速させたのです。

日本にも『サイレントリッチ』の波が来た

アメリカで50年ほど前に始まった『サイレントリッチ』の波が、どうして日本には訪れていなかったのでしょうか。

それは日本には『サイレントリッチ』を目指したくても、現実的に目指せる環境がなかったからでしょう。

しかし、ここ数年でようやく日本にも環境が整ってきました。オンライン証券会社やオンライン保険会社の出現、ＮＩＳＡやｉＤｅＣｏができました。政府も「預金から投資へ」というスローガンを出し、２０２４年からは新ＮＩＳＡもスタートしています。

日本社会では少子化や超高齢化、インフレや円安、医療制度や公的年金制度の財政難など色々な原因によって国民の不安が増大し、自分で何とかしないといけないという意識が少しずつ広がってきました。

それに伴い、投資に対するイメージも変わりつつあります。若い世代を中心に「投資は危ない」「投資は損をする」「投資はギャンブル」というネガティブな意識が減退し、豊かな未来を手に入れるためのツールに変わりはじめたように感じます。ネット上で様々な情報が共有されて、真実を知る人が増えたことと無関係ではないと考えています。今後、投資に対するそうしたポジティブな意識が多くの世代に波及していくことは間違いありません。アメリカがそうであったように、個人が自分のために資産形成しなければ、生涯にわたって豊かな生活を守ることが難しくなっているからです。

テクノロジーの進化などによって、資産形成や運用について過去の常識が通用しなくなっています。しかし同時に、いつの時代も通用する普遍的なセオリーがあるのも確かです。『サイレントリッチ』的手法は、セオリーを生かしつつ、最新のテクノロジーのメリットも最大限に享受することを目指すものです。その意味で、日本もようやく『サイレントリッチ』的資産形成術が実践できる時代になったのです。

新NISA、iDeCoに加えオンライン証券を使えば手数料もリーズナブルです。最近では株や投資信託の購入手数料をゼロにするオンライン証券まで出てきました。手数料が下がればその分、儲けのチャンスは拡大します。投資する人が増えれば、株価が上がりやすくなり、結果として大きなリターンを得やすくなるでしょう。子どもの頃から投資について学ぶべきだと考える人も増えてきました。

'90年代半ばにアメリカで本格的に起きた株式投資の好循環が、ようやく日本にも訪れようとしているのです。

「サイレントプア」との分かれ道

50代でも60代でも投資を始めるのに遅くない、『サイレントリッチ』はどの年代で始めても解決策があることは、前に伝えた通りです。反対に、あなたがお金の対策を何もとらないでいると、気付かないうちに静かに貧乏になっていくでしょう。

いわば、「サイレントプア」が待っているのです。

50代や60代で、子どもの教育資金や家のローン返済のためにお金を使い、自らの引退資金対策をしてこなかった人が、引退する頃には貧乏になっていたという話が多いのは事実です。年を取ってお金がないことほど、惨めなことはないという話を引退した人から聞くこともよくあります。若い時は若さで乗り越えられても、年を取れば乗り越えられなくなるのです。

お金がすべてではありませんが、お金があれば自分ができないことを誰かに頼むこともでき、余裕がある暮らしができます。引退してから中学や高校の同窓会に出席できるかどうかで、その人の経済状況が分かるという話もあります。年を取るとお金をかけているかどうかで見た目に差が出てしまうものです。鏡の前の自分の姿を見て、出席を踏み止まることにならないとも限りません。懐かしい友との再会の場である同窓会、できれば出席したいでしょう。

次はいつになるか分からないそんな貴重なチャンスさえ諦めないといけない現実が「サイレントプア」なのです。

50代、60代を越えても人生100年時代を考えれば、少なくとも30年は残っています。

これから投資を始めても、決して遅くはありません。死ぬ前に「あの時に投資しておけば良かった」と後悔することのないよう、今から行動を起こしてください。

第2章

『サイレントリッチ』になるための発想転換

株式投資は危険なものなのか

本書を手に取ってくださったあなたは、投資や運用で資産を増やしたいと考えているのだと思います。しかし、現実には、これまでは積極的に投資や運用をしてこなかった人も多いのではないでしょうか。「貯蓄から投資へ」というスローガンが使われるようになって少し時間が経過しましたが、今も投資に消極的な日本人は多いと思います。

なぜ多くの日本人は投資や運用に積極的ではないのでしょうか。

まずはそのことについて考えてみたいと思います。それが分かってはじめて、自信を持って投資に取り組めるようになるからです。

私が常々不思議に思っているのは、日本社会において、株式投資は「危ない」「損をする」「ギャンブル」という負のイメージを持っている人が少なくないことです。

しかし、なぜ毎日ニュースで株式相場の情報を知らせているのでしょうか。政府はなぜ「ＮＩＳＡ」や「ｉＤｅＣｏ」といった投資における優遇制度を作り、勧めているのでしょうか。みなさんの大切な公的年金資金を運用するＧＰＩＦ（＝年金積立金管理運用独立行政法人／Government Pension Investment Fund）は、なぜ資産の半分を株式で運用しているのでしょうか。

『サイレントリッチ』を目指すためには、まずはこの株式投資に対する誤った認識を変えていただきたいのです。

もしかすると、お金とは汗水垂らして働いて得るもので、不労所得は悪いことという気持ちがどこかにあるのかもしれません。しかし、労働も投資も何かと引き換えにお金を得るという意味では同じと考えてはどうでしょう。労働は時間と引き換えに、投資はリスクと引き換えにお金を得ているのです。しかも何に投資するかによって結果が変わるため、的確な判断力も必要になります。そうしたものと引き換えにお金を得ているのです。

そもそも、株式投資とはなんでしょうか。教科書的に言えば、企業の成長に参加し、資産を多様化するための一つの方法であり、資本主義経済において資本の調達や利益の分配や競争を促進する重要な仕組みです。悪い行為どころか、むしろ世の中のためになると言ってもいいでしょう。

ではなぜ、決して悪いものではないはずの株式投資を避ける人が多いのでしょう。

その一つの回答として、株式投資における成功とは何か、という問いにヒントがあると思います。

シリコンバレーにオフィスをかまえた時に、オフィスを貸してくれたのは、日本人の経験豊富なエンジェル投資家でした。私の友人の会社にも出資をしていた人です。エンジェル投資家とは、スタートアップ企業に資金を提供する個人やグループのことです。

企業がまだ成長段階に達していない早期の段階で資金を提供するために大きなリスクを取りますが、その企業が成長し、上場することになれば莫大なリターンが期待できます。きわめてハイリスクハイリターンの投資と言えるでしょう。その人物から以前、興味深い話を聞いたことがありました。彼は、個人として資金提供する時もあれば、複数の個人エンジェルが集まってグループになったエンジェルネットワークとして組織で投資する時もあります。彼によると、そのエンジェルネットワークのグループの中に日本人はなかなか入れないと言うのです。

たとえば10社のスタートアップ企業に投資して、一つの会社の資産価値が100倍になって他の9社が失敗した場合、トータルで考えるとこの投資は成功したと投資の世界ではみなされます。ところが、日本人の投資家だけが、他の9社の投資が失敗したことに文句を言ってくるというのです。

投資したすべての企業が成功するなら、そんな嬉しい話はありません。しかしそんなことは現実にはほぼあり得ないのです。10社に投資して1社が大成功すれば他の9社が失敗してもトータルで考えると投資としては成功したことになります。これが世界のスタンダードな考え方です。ところが日本人の投資家だけが、すべての投資で成功したいと考えています。しかし、現実にはそれは不可能です。日本人は、だったらそんな危険なものにわざわざ手を出したくないと思うようです。

このようにトータルで物事を判断するのは、投資の世界だけの話ではありません。たとえば映画や音楽といったエンターテイメント業界では、毎日数えきれない数の作品が多くの会社から誕生しています。

ほとんどの作品は世に出てすぐに忘れられる、あるいは世に出ることもなく消えてしまいます。数えきれないほどの作品の中で一つか二つでもメガヒットが出れば、出資した会社はトータルとして利益を出すことができます。

これがエンターテイメント業界における「成功」の考え方です。

エンタメ業界が水ものなのは分かるが、一般の業界は違うのではないか。そう考える人もいるかもしれません。しかし、今でこそ時価総額が兆超えのアップルやマイクロソフトやアマゾンでも新商品や新サービスが失敗した例は数えきれません。新商品や新サービスの失敗があっても、いくつかの新商品や新サービスが大成功すれば企業全体としてはトータルで利益を上げたことになります。むしろ多くの失敗が、次の大成功のタネになっていることも多いでしょう。こうした経験の積み重ねがあって、時価総額が兆超えの会社になったのです。

ところが、なぜか多くの日本人は、株式投資に関してもトータルでの成功という概念がないようです。一つでも失敗することが許せないのです。100%主義を目指す気持ちが、株式投資は「危ない」「損をする」「ギャンブル」だという考え方につながっているのではないでしょうか。

しかし繰り返しますが、10戦10勝などということはあり得ません。

あなたが投資したうちの7割が失敗したとしても、残りの3割で得た利益によって投資した金額以上に増えていれば、その投資は成功したと言えるのではないでしょうか。こうした、グローバルスタンダードの考え方を理解すれば、投資が危険だという気持ちがかなり減るのではないでしょうか。

しかし、個人が何十もの会社の株に投資することは簡単にはできません。そこで誕生したのが、少額でだれでも簡単に複数の銘柄に投資することができる「投資信託」という金融商品です。後の章で詳しくお話ししますが、投資における成功とは何かを正しく理解していると、この商品がいかに合理的なものなのかも腑に落ちるはずです。

株式投資が「危ない」「損をする」「ギャンブル」という根拠のない悪いイメージを持つ背景には、新しいもの、馴染みのないものに対してネガティブなものと捉える日本人のメンタリティも影響しているように感じます。

たとえば、いま、ＡＩ（人工知能）がブームになっています。ＡＩの研究は１９５０年代から始まっています。今後ＡＩは、自動運転、医療診断、ロボティクスをはじめ多くの分野で活用が進み、生活を便利にする可能性はとても高いと言われています。

しかし日本では、ＡＩが普及すると人間が頭で考えなくなるとか、仕事を奪われるといったネガティブな論評があるようです。

確かにそうした指摘も間違いとは言えませんが、せっかく新しい技術が生まれたのですから、それをどう使いこなすか、どうすれば自分の利益になるのかを考えたほうがいいのではないでしょうか。株式投資などの資産運用に関しても、「分からない、やったことがないから悪いもの、だから手を出さない」ではなく、「どうすればそれによって資産を増やせるか」と考えるほうがあなたの利益になるのではないでしょうか。なぜなら、株式投資によって大きな資産を築いている人がこの世の中には大勢いるからです。

ＡＩと同じように、いま注目されているのが「核融合」です。「核融合」とは石油、天然ガス、石炭、原子力に代わる未来のエネルギーで、石油の約８００万倍のエネルギー効率があるそうです。「機動戦士ガンダム」の動力源といえばピンとくる人も多いかもしれません。

核融合による発電は、石油や石炭、天然ガスと違い、CO_2を排出しないクリーンエネルギーです。核分裂反応もCO_2は排出しませんが、高レベル放射性廃棄物を産出してしまいます。それに対し、核融合によって生成される放射性物質は核分裂反応に比べ大幅に少ないのが特徴です。つまり、発電量が膨大で、環境にも優しく、安全性も高いのですが、不思議と日本ではまだそれほど大きな投資テーマになっていないようです。

これは私の推測ですが、「核」という文字が入っているため、原子力発電に使われる「核分裂」と同じようなものと勘違いしているのではないでしょうか。これも「根拠のない悪いイメージ」と言えるでしょう。

こうした根拠のない悪いイメージを信じてしまうことは、大きな損失になる危険性があります。真実を知っている人は、それを利益に変えることができるのに対し、「根拠のない悪いイメージ」を信じている人は、そこからは何も得ることはできません。株式投資に対しても同じです。事実を自ら調べることもせずに「根拠のない悪いイメージ」を信じて、株式投資をする機会を自ら放棄している人の資産は、ずっと今のままですが、正しく理解して一歩を踏み出せば将来を大きく変えることができるはずです。まずは、株式投資とは決して悪いものでもなければ、危険なものでもないということを理解することが最初の一歩です。

完全な保証のある投資はない

投資が悪いものではないといっても、そこにはリスクもあり、すべての人が必ず利益を得られるわけではありません。

大切なのは、投資にまつわるリスクを正しく理解して、リスクに適切に対処することです。それを確実に実行すれば、投資で損をする危険性は限りなく低くなると言えます。そこでまずは、リスクとは何かについてお伝えしましょう。

私が投資の世界に入った当初、先輩たちに繰り返し聞かされた二つの言葉がありま
す。

一つは「世の中に確実に保証されているものはない」。

もう一つは「世の中にタダ（無料）のものはない」です。

「世の中に確実に保証されているものはない」と言われると「それは困る」「だったら投資はやめておこう」と反応する人もいるかもしれません。保証がない→損をする危険がある→手を出さないほうが安全、そう連想するのでしょう。

確実に成功する保証がないことは避けたい、というわけです。

ではお尋ねしますが、これまでのあなたの人生を振り返ってみて、100%保証された人生を歩んできたでしょうか。

望む学校に入学できる保証、望む会社に就職できる保証、就職した会社で一生働き続けられる保証、望む人と結婚できる保証、望む家庭を作れる保証、一生健康でいられる保証……はあったでしょうか。そうではないはずです。むしろ、保証などないことがほとんどではないでしょうか。振り返ってみて、今のあなたの人生はそれほど悪くはなかった、むしろ意外にいい人生を送っていると感じている人も多いと思います。老後の生活が気になるということ自体、今はそれなりに満たされている証拠で

す。仮に今日食べるものにも目処が立たない暮らしをしていたら、老後のことまで気がまわるはずがありません。

だとすれば、その満足を手に入れるために、代償を払っているのではないでしょうか。

それこそが二番目の「世の中にタダのものはない」ということなのです。

「世の中にタダのものはない」という言葉は、お金だけに限った話ではなく、努力や忍耐など、あなたがこれまでに払ってきた代償も含まれます。お金では換算できませんが「タダ」ではなかったはずです。

つまり、世の中のすべてのことには不確実な要素がつきもので、何かを得るためには必ず何かしらの代償を支払う必要があると言い換えてもいいでしょう。

「事実は小説より奇なり」という名言をご存知でしょう。これは『トム・ソーヤーの冒険』の著者でもあるマーク・トウェインが好んで引用した言葉です。

一般には、現実は小説家が考えた物語よりも複雑で波乱に富んでいる、という使われ方をします。しかし元々は、現実は小説のように決まった展開はなく、突然悪い出来事が起こるかもしれないし、反対にいきなり成功を手に入れるかもしれない、誰にも予測できないから人生は面白いという意味なのです。

アメリカではこの名言を地で行く話をよく聞きます。

たとえば、シリコンバレーで働くエンジニアやウォール街で働く金融マンは皆が羨む高収入を得ています。彼らはその収入を得るために努力をしてきたのだと思いますが、一方で会社に利益をもたらさなければ即座に解雇されるのも事実です。シリコンバレーで働くエンジニアが朝、会社にきて自分のコンピューターが起動しなければ、それが解雇されたという通達なのです。

ウォール街で働く金融マンが会社のビルの入り口でガードマンに両脇を摑まれて別室に連れて行かれれば、それも解雇されたという通達です。なぜ解雇当日に通達するかというと、解雇後に会社の情報を盗まれないようにする対策なのです。なんとも残酷な通達方法です。

金融の世界で、「世の中に確実に保証されているものはない」と言うと、こう言い返されるかもしれません。

「銀行預金なら絶対に利息が付くし、これは確実であり、保障されているではないか」

しかし、はたしてそう言い切れるでしょうか。銀行が預金に対して利息を確実に払ってくれるのは銀行が存続していることが前提で、それ自体は１００％確実なことではないのではないでしょうか。

「しかし銀行には預金保険制度があるから、仮にお金を預けた銀行が破綻しても1000万円までの預金は利息も含め保護されるはず」という反論があるかもしれません。しかし、この制度があるからと言って、リスクがないわけではないということをお伝えしましょう。

日本の預金保険機構（Deposit Insurance Corporation of Japan、略称：DICJ）とよく似た団体がアメリカにもあります。預金保険公社（Federal Deposit Insurance Corporation、略称：FDIC）です。アメリカでは、どこの銀行でも窓口のよく見える所にこのサインが貼られています。この制度で保障される金額の上限は1口座最大25万ドル（3750万円／1ドル＝150円換算）で、日本よりかなり高い金額に設定されています。付け加えると、日本の預金保険制度は外貨預金が対象外なので、その点は注意してください。いずれにしてもこの制度があるから銀行預金は安全だと思っている人はアメリカ人にも多いのですが、現実は必ずしもそうとは言えないのです。

私の友だちの旦那さんであるジェフも、アメリカのFDICを信用していました。そこジェフはアメリカのメガバンクはサービスが悪いと言って嫌っていました。そこで、預金者が多く、銀行員がフレンドリーな地元の小さな銀行を選び、そこに5万ドル（750万円／同）を預けていました。ところがある日、この銀行の経営が危機的状況にあり倒産するらしいという噂が流れてきました。これは大変だと思ったジェフは、すぐに5万ドルを引き出します。

銀行が倒産したのはその直後でした。「ギリギリ間に合った」そう思っていたジェフでしたが、1ヵ月後、裁判所から一通の手紙が届きます。「5万ドルを返還しろ」というのです。その理由は、「あなたが5万ドルを引き出した2日前に銀行は書類上倒産していました。だからあなたが引き出した5万ドルは、あなたのものではなく、破産管財人が管理する資産です」というのです。

日本なら多くの人が命令に従うでしょう。しかしアメリカではやや違います。ジェフは「自分は経済的余裕がない。5万ドルがなくなると生活ができない」と交渉しました。

その結果、「では、半分でいいから返してください」ということで落ち着いたそうです。これ以上話しても仕方ないと考えたジェフは、しゃくに障るものの、2万5000ドルを返すことにしました。

すると裁判所から「残りは預金保険制度の対象だから、いずれは返還される」と言われました。これでひと安心と思ったジェフでしたが、それは甘かったようです。

その後、残りの2万5000ドルは全額返金されましたが、一度に全額返還されたのではなく、少しずつ分けて返金されたのです。銀行が破綻したのはジェフが46歳の時でしたが、最終的に2万5000ドル全額が手元に戻ったのは、騒動の14年後、つまりジェフが60歳の時でした。ジェフの場合、銀行が倒産した時40代でしたからまだ良かったと言えるかもしれません。仮に70代、80代だったらどうでしょう。死ぬまでに全額を受け取れたかどうか、怪しいものです。しかも、2万5000ドルが手元にあれば、それを運用することでさらに増えていた可能性も高いはずです。運用のチャンスを失ったことを損害と考えれば、制度として「保障」があるからといって、全額が守られたとは言えません。

つまり、「保障」してくれる制度があっても、それがみなさんが望む「保証」かと言えば答えはNOです。だとすれば、銀行も絶対に安心とは言えません。つまり、「世の中に確実に保証されているものはない」のです。

それでは「世の中にタダ（無料）のものはない」という言葉はどうでしょうか。

株式投資をする時に証券会社に手数料を取られるのが嫌だと言う人が時々います。

銀行の定期預金であれば手数料はないし、元本割れもなく、少ないが利子も付きます。

現在、日本のメガバンクの金利は1年定期で0・125％（2025年1月現在）です。ネット銀行は最近の預金獲得競争の激化でかなり高い金利をつけるところも出ていますが、それでも1年定期で0・2〜1％くらいの水準です。

銀行の仕事は預金者からお金を仕入れて、それを投資する、あるいは個人や会社に貸し付けをして利益を出すビジネスです。たとえば、100万円を1年の定期預金（金利0・2％）として預け、1年後に2000円の利子をもらうとします。銀行は預金者から預かったお金を投資して、3％の利益を出すことを目指すのです。計画通り3万円が手に入れば、1年後に2000円の利子を預金者に払うので、銀行の利益は2万8000円です。もし、銀行の投資利回りが9％であれば銀行の利益は9万円になります。1年後に2000円の利子を預金者に払うので、銀行の利益は8万8000円になります。

銀行は定期預金という形で預金者からお金を仕入れ、それを投資する、あるいは個人や会社に貸し付けています。銀行にお金を預けるのは無料ですが、銀行はあなたの預けたお金を使ってしっかり利益を出しているわけです。もし銀行の定期預金にお金を預ける時に手数料を取られても、もっと高い利回りをもらうことができるのなら、手数料を払ってもいいと考えるのではないでしょうか。

「世の中にタダのものはない」とは、まさにそういうことなのです。

このように世の中に絶対保証や無料のものはないのです。お金に余裕のある生活ができるリッチな老後を手に入れるためには、それなりの代償を払わないといけないのです。

こんなことを言うと、途端に尻込みする人もいるかもしれませんが、決して恐れるような話ではありません。むしろ、本書を読み終える頃には自ら進んでリスクを取りたいと考えるようになっているはずです。

では次に、「代償」、いわゆる投資の世界でいう「リスク」の考え方をお伝えしましょう。

投資のリスクは克服できる

株式投資には三つのリスクがあると言われます。

一つは「市場リスク」です。たとえば世界同時不況が起こった、どこかで戦争が起こった、世界中で感染症が大流行したなど、世の中が大混乱するような出来事が起こると株式市場が下がることがあります。これは大きなリスクです。

二つ目は「企業リスク」です。投資している会社の業績が不振で株価が下がる、あるいは会社が倒産して株価がゼロになることもないとは言えません。

三つ目は投資家の中にある「心理リスク」です。先の二つに比べてこの「心理リスク」が一番厄介かもしれません。なぜなら先の二つのリスクの発生はコントロールできないのに対し、心理リスクは投資家自身によりコントロールできるため、投資家自身の対応が問われるからです。しかも、この人間の心理や感情が投資の成否に大きく関わるのが問題なのです。

市場が急落したり、企業の株価が急落して、資産が減ると不安や恐怖や疑念や怒りや後悔を覚えます。逆に市場が急上昇した時や企業の株価が急上昇した時には、気が大きくなり過ぎたり、高価なものを衝動買いしたりする、または目的もなくお金を使い過ぎるという人もいるでしょう。しかし、株式投資では喜怒哀楽が強すぎること、相場変動に伴う過剰な心理的変化は絶対にマイナスです。

この「心理リスク」が市場の動向に及ぼす影響を測る尺度として「恐怖&貪欲指数(Fear & Greed Index)」という指標があるほどです。投資家が恐怖心を抱いているか、貪欲にリスクを取って高いリターンを求める状態にあるかを示す指標です。通常、0から100の範囲で表され、0に近いほど「恐怖」が支配的で、100に近いほど「貪欲」が支配的であることを示しています。もちろん「恐怖」の状態が強いと株価が下落する可能性が高まりますし、逆に「貪欲」の状態が強いと株価が上昇する可能性が高まります。

「恐怖&貪欲指数」は、投資家心理をリアルタイムで反映するため、短期的な市場動向の判断材料として広く利用されています。

実例を挙げると、株式投資を始めたばかりのクライアントの数人は、最初の5~6年ぐらいは株式市場が下がるたびに私に連絡してきました。投資を始める時に株式市場の上がり下がりで一喜一憂しないでほしいと念押ししたのに、頭では分かっていても、心や感情は別物なのでしょう。私はその都度、「投資とは常に上がり下がりがあるものなので、そこで冷静さを失うのが一番良くないことです」ということを伝えなければいけません。

また、株式投資初心者に多いのが、株式市場が下がり出すと株を売って、上がり出すと買いはじめる人です。株は安く買って高く売ることで利益を得るのですから、まったく逆の行動を取っています。冷静な判断力を失っているのです。

ではどうすれば平常心を保ち、冷静でいられるのでしょうか。

それは経験するしかありません。事実10年も投資を経験すると、株価が下がった状況でも落ち着いて株式市場に投資することができるようになります。10年以上の投資経験を持つ私のクライアントの中には「追加で投資をしたいので、もっと株式市場が下がればいいと毎日、願っています」と言う人もいるほどです。つまり、心理リスクを克服するには「経験する」しかないのです。「経験する」前に投資をやめてしまうのは、将来得られる利益をみすみす逃していることにつながります。それだけは絶対に避けたいものです。

最後に、誰から投資商品を購入するか、あるいは投資のアドバイスを受けるかも、リスクを伴うことになりかねないので注意する必要があります。

私の友だちのキャッシーは日系アメリカ人です。彼女はアメリカの銀行で投資アドバイザーの勧めに従い投資商品を購入しました。キャッシーの投資アドバイザーは中国系アメリカ人でした。同じアジア人ですが、私たち日本人とは異なり、安心や安全よりもリスクを取る傾向が強いようです。中国で、株式に全財産を投資して、株が暴落してすべてを失ったという話や、多額のローンを組んでマンションを購入したが、不動産会社が破綻して建設がストップしてしまい、すべてを失ったという話を聞いたことがあるかもしれません。

キャッシーの投資アドバイザーもとてもアグレッシブな女性でした。非常にハイリスクハイリターンの投資商品をキャッシーに勧めた結果、残念ながらキャッシーの投資は裏目に出て、株式市場は下落、すぐに元本割れ状態になり、投資した元本が半分になるまでにそれほど時間はかかりませんでした。ところが、助言を求めるキャッシーに対して、そのアドバイザーは平然とこう言いました。

「それであれば、もっとリスクの高い投資商品に入れ換えて、超ハイリスク超ハイリターンで、半分になった元本をあなたが投資した元の金額に戻しましょう」

しかしキャッシーはそのアドバイスに従わず、そのままの状態で持ちつづけることにしました。それから数年後、彼女の資産は元の金額に戻りました。

「あの時、新たな提案に従っていたらすべて失っていたわ」

もう一つ、こんな例もありました。

23歳である会社に入社したジャックは、会社がスポンサーになっている引退資金プランへの投資を始めました。ジャックは401kプランの積立投資を始めるにあたり、先輩社員のジミーに相談しました。投資経験が豊富だから良いアドバイスをもらえると思ったからです。その結果ジャックは、ジミーと同じポートフォリオ（投資運用商品の具体的な組み合わせ）にしました。それから半年後、株式市場が急上昇し、ジャックと同世代の同僚は投資額が増えたと大喜びしているのに対して、ジャックの投資額は元本からほとんど増えていません。

なぜでしょうか。

ジミーは半年後に引退する予定のベテラン社員で、非常にリスクの少ないポートフォリオで運用していました。大きく増えもしないかわり、減る危険性も低いポートフォリオだったのです。言うまでもなく、引退を目前にした人と、引退までに40年以上時間がある人では、組むべきポートフォリオはまったく異なります。ジミーのような人がリスクの低い運用をするのは正解ですが、ジャックのような若者は値下がりしても挽回《ばんかい》のチャンスがいくらでもあるので、ある程度のリスクを取った運用をするのが正解なのです。

これも、誰からアドバイスを受けるかによるリスクと言えるでしょう。

これらはすべて「株式投資」のリスクについての話です。「ギャンブル」でもなければ、近年増加している「投資詐欺」の話でもありません。

「株式投資」と、「ギャンブル」や「投資詐欺」の決定的な違いは損失を回収できるかどうかです。株式投資、とりわけ長期投資においては、挽回のチャンスが必ずあります。たとえ暴落したとしても、いつかは回復し、利益を回収できる可能性があるのです。しかし「ギャンブル」や「投資詐欺」にそれはありません。

もちろん、株式投資で大きな資産を失う場合もあります。それは不安や恐怖や疑念や怒りや後悔に駆られて、株式市場が暴落している時に株式を売却して損失を確定してしまうことです。言い換えれば株式投資における最大のリスク管理は、暴落した時に、最初に決めた投資目的と投資期間を貫く心理状態をコントロールする冷静さと強いメンタルを持っていることです。

それこそが投資の成否を左右するのです。

投資に向かない人もいる

私も3年に一人ぐらいの割合で「投資に向かない人」と出会うことがあります。株式投資のリスク（投資の代償）を取れない人です。

具体的には「お金が少しでも減ることに大きな恐怖を感じる人」「過剰に懐疑的な

人」「リスクを取ることを極端に嫌う人」などです。

分かりやすく言えば、極度の心配性と言えばいいでしょうか。

どれだけ大きな資産を持っていて、契約が成立すれば大きなコミッションがいただけたとしても、こうした性格の人には私は株式投資を勧めないことに決めています。

頭では投資のリスクが理解できても、感情の面をコントロールできないと、最終的には思い描いた投資結果が得られない危険性が高いし、何より精神的な負担を常に抱えた状態でいることは、その人のためにならないからです。

『サイレントリッチ』の投資手法には長い歴史と実績があります。忠実に実践すれば、誰でも成功する確率がきわめて高い資産形成手法であるということに私は強い自信を持っています。でも、何が起こるか分からないのがマーケットです。確率や統計的に正しい行動を取っても、突発的な事態が起きれば、損害が発生することは避けられません。それが株式投資と言ってもいいでしょう。

そのリスクを取るから元本確保型の金融商品では得られない高い収益を手にできるのです。

しかし、残念ながらそのことを理解できない人がいます。どんなにリスクヘッジをしても、損をする可能性はゼロではないという側面だけを見てしまうのです。そうした人は、投資には不向きと言わざるを得ません。長期で見れば大きな資産が手に入る可能性がきわめて高いのは間違いないものの、その大きな果実を手にするまでにはある程度の時間が必要です。

その間には、マーケットの浮き沈みにも遭遇します。時には大きな波をかぶることもあるでしょう。そこで夜も眠れなくなるような人は、株式投資を避けたほうがいいと私は思います。過剰に心配性の人は、精神や健康を病まないためにも、最初から手を出さないことも一つの選択なのです。

株式投資しないことがリスクである理由

ここまで投資にまつわるリスクについてお伝えしてきました。

やや不安になっているかもしれません。しかし、それでも私は投資をお勧めします。

もっと言えば、投資をするべき、いや、しないことは大きな損失だと考えているのです。

理由1：インフレーションとお金の価値

なぜ投資を始めないといけないのか。

その質問の答えの一つに、「インフレーションとお金の価値」の関係があります。みなさんご存知のように、インフレーション（インフレ）とは、商品やサービスの価格が上がることです。それは同時に、あなたの持っているお金の価値が下がることでもあるのです。インフレによってある商品の値段が2％上がってしまうと、あなたの財布の中のお金も2％増えないと今まで通りの買い物ができません。それがお金の価値が2％目減りしたということです。

この時、あなたの収入が物価と同じように2％アップすれば何の問題もありません。

残念ながら経済自体が成長していない日本では、あまりそれを期待できません。なんらかの方法でお金を増やさないといけないのです。

日本でも円安による輸入品の価格高騰などにより、物の値段が上がり始めましたが、それまでは30年にもわたりデフレーション（デフレ）が続いたため、商品やサービスの価格が上がる状況に慣れていなかった庶民生活には様々な混乱が起きています。

しかし私が生活のベースを置いているアメリカでは、この30年間は一貫して物の価格は上がりつづけてきました。日本に比べれば給料も上がっているのですが、インフレ率のほうが上回っているため、庶民の生活は決して楽ではありません。

日本の郵便料金も2024年10月から約30年ぶりに30%という大幅値上げになりましたが、約30年前の1995年1月、アメリカで郵便切手の値段は32セント(約32円/当時1ドル=98円換算)でした。すでにインターネットも登場していましたが、今のように連絡の中心がEメールやSNSではありませんでした。

次ページのグラフは、1995年から2024年までのアメリカの切手の価格の推移です。一目で分かるようにほぼ毎年値段が上がっています。切手の値段が上がるたびに、それまで使っていた切手と新しい切手の値段の差額の切手を購入しなければなりません。これが本当に面倒でした。

そこで2007年4月に登場したのが、フォーエバースタンプです。この切手は値段の所にForever(永遠)と書いてあり、切手の値段が上がっても差額を払う必要なく使えるというものです。とても素晴らしいアイデアで、便利になったと歓迎されていました。

米国切手の価格推移（封書用、国内郵便）

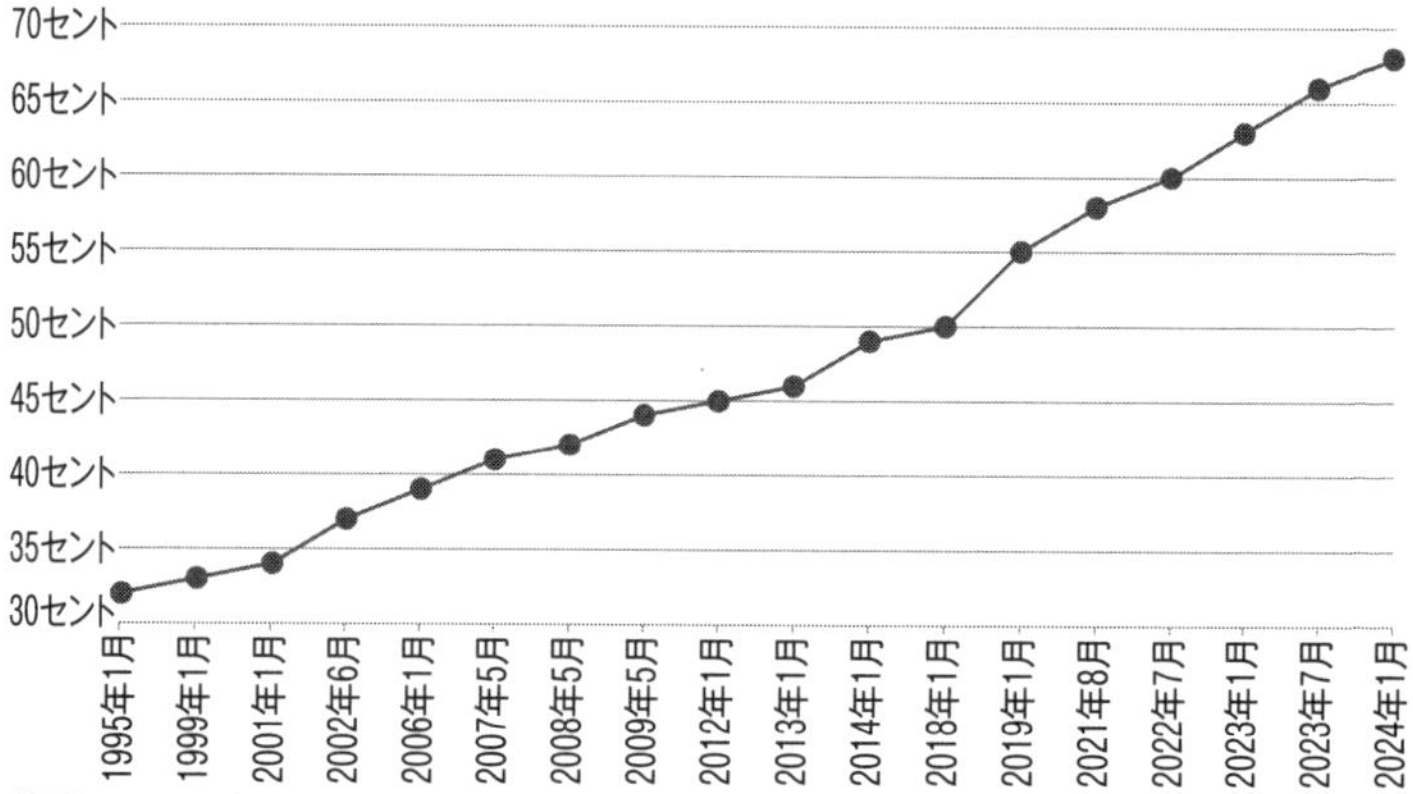

出所：United States Postal Service: Postal History & Forever Stamp Fact Sheet

これは極端な例ですが、10年、20年、30年とインフレが続くと、恐ろしいほど商品やサービスの価格が上がっていき、それはつまりお金の価値を下げてしまうということなのです。

インフレ率は一定ではありません。アメリカでも１％程度の時もあれば５％を超えることもありました。平均すれば２～３％というのが一つの目安と言われています。逆に言えば、この数字以上にお金を増やさないと、お金の価値が目減りしてしまうということです。仮に物価が20年間、毎年２％ずつ上昇した場合、現金１００万円の実質的価値は、約67万円まで目減りしてしまいます。現金なら額面自体は変わらなくても、実質的価値が目減りする可能性があるのが、インフレなのです。

その目減りに対抗するために最も効率的な手段が、株式投資です。なぜなら株価は基本的に企業業績に連動して動くからです。インフレで商品やサービスの値段が上昇すれば、企業の売り上げが上がりやすくなり、収益の上昇が期待でき、結果として株価が上昇する可能性が高いという理屈です。

理由2：複利と時間の魔法

株式投資はインフレに強いこと以外に、もう一つ大きなメリットがあります。それは「複利と時間」の魔法を使ってお金を増やすことができるということです。

インフレによる資産の目減りを防ぐのが、投資をすることの消極的な理由だとすれば、これから説明するのは積極的な理由です。

「複利と時間」は投資の世界だけの話ではありません。日本にも同じ意味のことわざがいくつもあります。

「継続は力なり」「雨だれ石を穿《うが》つ」「石の上にも三年」などは、いずれも「複利と時間」に通じることわざだと私は思っています。これらの言葉に共通するのは、何事も成果を得るには毎日同じ作業を何年、何十年と繰り返すことが重要だという教訓ですが、それは投資における「複利と時間」の関係そのものなのです。

「複利」とは何でしょうか。利子や収益によって、生み出された利子や収益です。

雪だるま式に増えるといえばイメージしやすいでしょう。

では、複利にはどれだけの効果があるのでしょうか。それを計算するのが、「72の法則」です。

これは資金を一括で投資した場合に72という数字を運用する利回りのパーセントで割ることで、あなたの資産が何年で2倍になるかを計算する法則です。

たとえば運用利回りが6％なら72÷6で12です。つまり、元金100万円なら12年で2倍の200万円になるのです。さらに12年6％の運用を続ければ、2倍の2倍、つまり400万円です。金利0・2％程度の1年定期に預けたお金が2倍になるまでは360年かかります。いかに複利のパワーが大きいかがお分かりでしょう。

さて、この本の冒頭でみなさんにした質問の種明かしを具体的にしたいと思います。

AとB、2枚の絵画のうち、あなたはどちらを選びますかという質問です。

2枚はまったく同じ絵ですが、購入条件が異なります。

どちらを選びますか

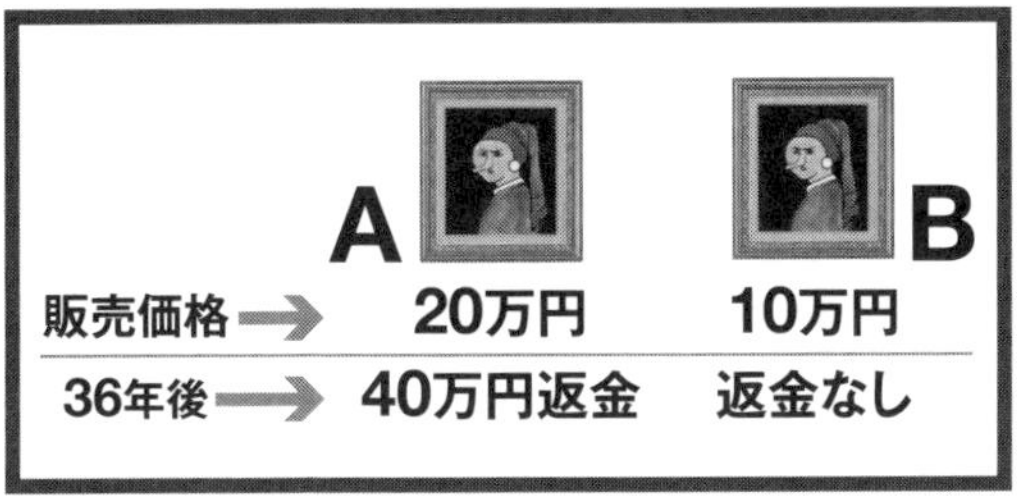

Aの販売価格は20万円、36年後に40万円戻ってきます。
Bの販売価格は10万円、36年後にお金は戻ってきません。
どちらも絵画は購入後すぐにあなたのものになり、36年後に返却義務はありません。

販売している会社は大手上場企業が経営しているので36年後の倒産を心配する必要はありません。あなたのお財布の中には20万円あります。

さて、あなたならどちらの絵画を選びますか、という質問でしたね。

この質問に対し、8割以上の人はAを選びます。なぜならAを選べばBの2倍の金額を払うものの36年後に支払った金額の2倍の40万円が手元に返ってくるからです。

36年後とはいえ、最終的には絵画は無料で手に入ることになり、支払った倍のお金が返金されるのであれば、こんな条件の良い投資はないと考えるのでしょう。

ではあなたが、絵画の販売会社のオーナーだったらAと

B、どちらの絵画を売りたいと思うでしょうか。これも絵画Aです。なぜなら同じ絵画を2倍の値段で販売できるからです。

しかし、Aを売った場合36年後には売値として得た20万円の倍の40万円を返金しなければいけません。それでも採算が合うのはどうしてでしょうか。

それは、お客さんから余分に受け取った10万円をオーナーは投資で増やせるからです。その結果、オーナーのあなたはいくらのお金を手にできるでしょうか。ここで活躍するのが72の法則です。仮にオーナーのあなたが利回り8％で運用できた場合、72の法則を使うと、72÷8＝9になります。つまり9年で2倍になるということです。36年間の複利計算をすると倍の倍の倍の倍、つまりお客さんから受け取った10万円を使って160万円に増やすことができるのです。その中から40万円をお客さんに返金してもあなたの手元には120万円が残ることになります。つまりこれが、会社の利益の仕掛けなのです。

「72」の法則

年利 ／ 投資スタートからの年数	6％ 12年ごとに倍	8％ 9年ごとに倍
0年	10万円	10万円
6年	↓	↓9年
9年	↓12年	20万円
12年	20万円	↓9年
18年	↓12年	40万円
24年	40万円	↓9年
27年	↓	80万円
30年	↓12年	↓9年
36年	80万円	160万円

＊この表は「72の法則」が数学的にどのように機能するかを示すデモンストレーション（手数料や税金は含まない）で、実際の投資のパフォーマンスを保証するものではありません

仮に6％でしか運用できなかったとしても、72の法則を使うと、72÷6＝12になります。つまり12年で2倍になるということです。36年間の複利計算をすると倍の倍の倍、すなわち36年後には80万円になっているはずですから、お客さんに40万円を返金したとしても会社の利益も40万円あるということになります。

もしあなたがBを選んでいた場合、あなたの手元にも10万円が残っています。この10万円を使ってオーナーと同じ投資をすることができるということです。36年後にはあなたの手元には160万円が残っているかもしれないのです。

この仕組みを知っていたとしたら、Aを選ぶ人はまずいないでしょう。しかし残念ながら実社会ではこうした仕組みを親切に教えてもらえる機会が少ないのが現実です。いかにAの条件が良いかだけが説明されていて、Bの存在すら説明されないのです。その結果、多くの人がAを購入することになるのです。

この絵画販売会社オーナーと同じビジネスをしているのが、生命保険会社や銀行なのです。

生命保険会社は、貯蓄型保険に加入して30年間保険料を払い込んだらこれだけの積立金が貯まります、と言ってお客さんからお金を集めています。銀行も、10年定期を持てばこれだけの利子が必ずつきます、と言ってお客さんからお金を集めています。

保険会社も銀行も、預かったお金を複利で運用して利益を出しているのです。逆に言えば確実に利益が出るという裏付けがあるから、貯蓄型保険や定期預金を販売していると言ってもいいでしょう。

読者のみなさんも、多くの方が貯蓄型保険に入り、銀行預金をしていると思います。

だとしたら、あなた自身がそのお金を株式市場で運用してはどうでしょうか。

投資の神様と呼ばれるウォーレン・バフェットをご存知でしょうか。ジョージ・ソロス、ジム・ロジャーズとともに世界三大投資家のひとりで、2024年時点で彼の総資産はおよそ1443億ドル（約21兆6450億円／1ドル＝150円換算）に上ると言われています。彼は10歳から本格的に投資を始めました。これにも驚きますが、何よりも驚くのは、彼の資産の95％以上は60代半ば以降に増えたものだということです。つまり、バフェットは「複利と時間」を最大限に使い巨額の富を構築した投資家と言えるでしょう。

「時間」は誰もが平等に持っているものです。彼のように大きな資産を築くことができるかどうかは「複利」の効果を知っているかどうかにかかっています。投資を長期で継続できるかどうかが、『サイレントリッチ』になれるかどうかの分かれ目なのです。

ノーベル物理学賞を受賞した物理学者アルバート・アインシュタインも複利の素晴らしさを有名な言葉で語っています。

複利は人類による最大の発明だ。
知っている人は複利で稼ぎ、知らない人は利息を払う。

第3章

『サイレントリッチ』になるための資産形成術

なぜ「投資」を始めないといけないのか

ここまで読み進めてきても、「なぜ投資を始めないといけないのか」という疑問を抱いている人もいるかもしれません。

投資は株式などの運用ですから、必ず儲かるとは限りません。損をする危険性もあります。そんなリスクを取ってまでやる意味はあるのだろうか、そう考えるのも当然です。

将来、投資によって利益が出るといっても、100％利益が出る保証はありません。損失を出す可能性もあります。しかし、それでも投資は、リスクを取ってでもやる価値があると思っています。そう考える三つの理由をお伝えします。

一つ目の理由は「あなたの資産を目減りさせないため」です。インフレ対策のことは前章でも少し触れましたが、さらに詳しく説明します。

この30年、日本経済はデフレで、物価はほとんど上がりませんでした。しかし、これからはインフレで物価がどんどん上がっていきそうです。

物の値段が上がるということは、反対にお金の価値が下がっていくということです。あなたの銀行預金の額面は変わらないですが、インフレが進むほど、実際の資産価値は目減りしていくのです。

では、物価は今後どの程度上がるのでしょうか。たとえば社会問題にもなっているアメリカの大学の授業料は、大学によって様々ですがおおむね毎年5～15%の割合で上がっています。

これはかなり特殊な例ですが、日本も今後インフレが定着すれば、毎年2～3%の物価上昇が予想されます。インフレ率（2～3%）以上の利回りで資産を増やしていかなければ、あなたの預金の資産価値はどんどん目減りしてしまうのです。

インフレが進めば金利も上がるはず、それであれば、銀行預金でもいいのではないかと言う人もいるでしょう。理論的にはその通りですが、預金金利がインフレ率ほど上がるでしょうか。マイナス金利が解除されたからといって、すぐに預金金利が2%程度になる可能性は低いと思われます。現に、日本のメガバンクの1年定期預金の預金金利は、0・125%（2025年1月現在）ですから、到底インフレ率には追いついていないのが現状です。また、金利が上がるのはお金を銀行に預ける人にとっては利率が上がり、良いことですが、銀行から借りている人にとっては借金の利子が上がるので、良いことではありません。

こうしたコストの上昇に負けずにお金を増やすことができる方法の一つが「投資」なのです。


二つ目の理由は「あなたの時間をお金で買うため」です。

仕事や子育てに忙しい現役世代の方は、時間がいくらあっても足りないと思ったことがあるのではないでしょうか。しかし、「時間はお金で買える」という発想を持っている人はどれだけいるでしょうか。

私の親友のキャサリンとジェフ夫妻は、まさに「時間」をお金で買っている人です。

キャサリンとジェフは従業員が50名ぐらいの会社を経営しています。

このスーパーカップルは3人の子どもの母親と父親でもあり、毎日、超多忙です。

二人は大学卒業直後から毎月の積立投資を10年以上していて、「時間」を買うお金は、その投資から出ています。キャサリンとジェフが買っている「時間」はハウスキーパー（料理・洗濯・掃除・食料品や生活用品のスーパーへの買い出し）、ベビーシッター、ペットシッター、庭師、プールマン（アメリカではプールの掃除やメインテナンスをする人をこう呼びます）など、すべて投資で増えたお金から支払っています。

だからこそ、仕事が忙しくても子どもたちと過ごす時間、夫婦で過ごす時間、自分の趣味に使う時間が充分あるのです。

これは極端な例ですが、あなたもいつか「もっと時間が欲しい」と思う日が来るかもしれません。その時にあなたの給料から時間を買っていたら本末転倒ですが、投資のお金から費用を出せるのであれば、理にかなっています。時間に余裕ができる選択ができれば、人生はより豊かになるのではないでしょうか。

社会人になってから引退するまで、平均的には40年ぐらい働く人が多いと思います。40年間働くということは、この期間にあなたの働いた時間をお金に置き換えることだとも言えます。今後労働人口が減っていくことを考えると、近い将来あなたはAIやロボットと共存して仕事をすることになるでしょう。誰にでもできるような単純作業はAIやロボットが人間に取って代わり、高い給料がもらえる仕事の競争率はますます高くなるでしょう。

このような社会状況下で、あなたは自分の能力やスキルをどんどん向上させる自信はあるでしょうか。これは決して楽なことではありません。それに、能力やスキルを向上させたとしても、病気や事故で働けなくなることもあるかもしれません。家族の介護のために仕事を辞めなければいけないかもしれません。

こう考えると、心配の種は尽きません。何らかの理由であなたが働けなくなったとしても収入を確保する対策を立てておくことをぜひ考えてみてください。

お金で時間を買うのは悪いことではありません。世の中のお金持ちが当たり前にやっていることです。将来、必要な時のために資産を準備し「時間を買う」ことができる方法の一つが「投資」なのです。

三つ目の理由は「長生き対策のため」です。

現在の平均寿命は男女とも80代ですが、すでに人生100年時代に突入しています。

厚生労働省の2024年9月17日のプレスリリースによると、2024年度の内閣総理大臣からのお祝い状と銀杯の記念品が渡される「百歳高齢者表彰」の対象者は4万7888人（2024年9月1日現在）で、前年度に比べて781人増えたそうです。現在100歳以上の人口は9万5119人（2024年9月1日現在）で、すでに10万人に迫る勢いです。今後は100歳以上の人口がどんどん増えていくでしょ

100歳以上の人口推移

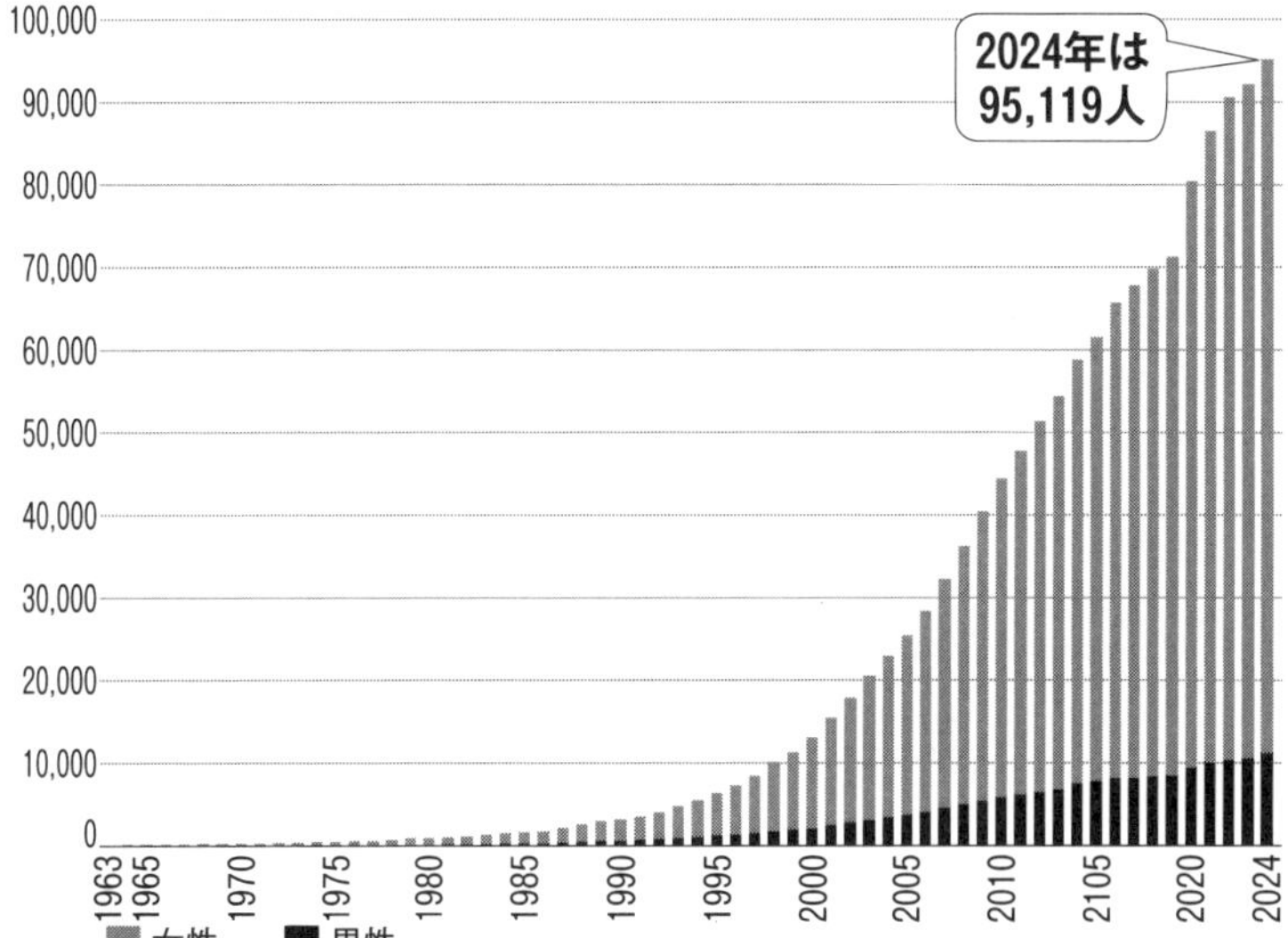

出所:厚生労働省　R6百歳プレスリリース

う。１００歳以上まで生きるということは、65歳まで働いたとしても、引退生活が35年以上になるということです。

老後の生活を支える社会保障制度や公的年金制度は、受給年齢の引き上げや受給金額の引き下げなどの可能性が高まってきています。老後をこうした社会保障制度だけに依存することが難しくなっているのが現実です。つまり、自分で資金を作る必要性が高まったということなのです。

健康で生きつづけるのか、病気や介護が必要な状態で生きつづけるのかは誰にも分かりません。健康で寿命を全うすることができれば、社会保障制度や公的年金制度でなんとか一生を生き抜くことができるかもしれません。しかし、病気や介護が必要な状態になれば、さらに自分自身でお金を準備しておく必要性が高まることは、明らかです。これも銀行預金で準備できればいいのでしょうが、現在のような低金利では効率的に増やすのは不可能です。結果として、こうした長生き対策のためにあなたの資産を増やす方法の一つが「投資」なのです。

そもそも「投資」とは何か

ここまで本書には何度も「投資」という言葉が出てきました。日常的にもよく使われる言葉ですが、実際の投資経験がなく、本当の意味で投資を理解していない人も多いのではないかと思います。多くの人が投資や運用に対して消極的になる理由も、そこにあるのではないでしょうか。自信を持って投資に向き合うために、まずは投資とは何かをあらためて考えてみることにしましょう。

「投資」の起源をさかのぼっていくと、古代ローマ時代の商業と貿易にたどり着きます。

古代ローマでは船を使って異なる地域と取引をして、富を増やす商業活動が盛んに行われていました。またそこから派生して、裕福な市民や商人が事業に資金提供をし、その対価として収益を分け合うという仕組みが誕生しました。これが現代の「株式会社」の起源とされています。

画期的だったのは、複数の人が事業に出資でき、リスクと利益を分担することが可能になったということです。

その後、時代は進み、17世紀にオランダでアムステルダム証券取引所が設立され、株式や債券の取引が行われるようになりました。これが現在の証券取引所の原型と言われています。

「投資」と一口に言っても世の中には色々な投資があります。株式投資をはじめ、投資信託、債券投資、不動産投資、金投資、商品投資（コモディティ）、為替取引（FX）、ヘッジファンド、ベンチャーキャピタル、プライベートエクイティなど、あなたも聞いたことがある投資もあるのではないでしょうか。これ以外にも最近では、絵画やワインやウイスキー、フェラーリやランボルギーニなどの高級スポーツカーも投資の対象になっています。

「投資」と似た言葉で「投機」という言葉もあります。「投資」と「投機」の違いですが、「投資」は基本的に資産の成長や収益性を重視し、比較的安定したリターンを追求します。一方の「投機」は、市場の変動や価格の変動を利用して、短期的な利益を追求することです。短期間で大きな利益が手に入る可能性がある反面、短期間で大きな損をすることもあります。

プロでも投機で利益を出すのは難しいのが現実です。なぜなら市場の上げ下げを事前に言い当てることは不可能だからです。

限りなくギャンブルに近いと言えばいいでしょうか。

最近は、元本や高い利回りを保証しているなど、話がうますぎ、明らかに詐欺と思われる投資話が増えています。くれぐれも手を出さないように注意してください。詐欺かどうかを見きわめるポイントは、その会社が金融庁に登録をしてビジネスをしているかどうかです。もし、金融庁に登録されていないのであれば、基本的に信用できないと思って間違いありません。投資話をしている人に金融庁の登録について聞くと、「我々の投資は海外のタックスヘイブンで運用をしているから金融庁に届け出る必要がない」とか、「有名な会社の社長や芸能人も参加しているから心配ない」といった回答が返ってきます。残念ながらそれらの回答はほとんどが嘘です。元本や高い利回りを保証しているようなうまい話が、一般市民にまわってくることはありません。

少なくとも見ず知らずのあなたにそんなおいしい話がくれば、詐欺と断言してもいいでしょう。大切なお金を一瞬で失わないようにくれぐれも気を付けてください。

「投資の神様」が稼いでくれる

次に、投資をする意味を考えてみたいと思います。

「ペイパルマフィア」という言葉を聞いたことがあるでしょうか。

ペイパルとはオンライン決済システムの先駆けとなった会社です。1998年に設立され、2002年にeBayに買収されました。「ペイパルマフィア」は、このペイパルを共同創業したメンバーで構成されているグループです。

テスラ創業者であるイーロン・マスク、フェイスブックの初期投資家でパランティアテクノロジーズ創業者であるピーター・ティール、Yelp共同設立者のラッセル・シモンズとジェレミー・ストップルマン、ユーチューブ共同設立者のスティーブ・チエンとチャド・ハーリーとジョード・カリム、LinkedInの設立者であるリード・ギャレット・ホフマンなど、知らない人はいないぐらいの創業者が顔をそろえています。「ペイパルマフィア」の哲学は、リスクを取ること、市場を独占すること、影響力を持つことなのですが、その哲学はアメリカの超資本主義の象徴だと言っても過言ではないでしょう。

「ペイパルマフィア」以外にも、「GAFAM」や「マグニフィセント・セブン」と呼ばれる米国株式市場を代表するテクノロジー巨大企業がシリコンバレーに存在します。「GAFAM」のGはラリー・ペイジとサーゲイ・ブリンが創業者のグーグルです。Aはジェフ・ベゾスが創業したアマゾンです。Fはマーク・ザッカーバーグのフェイスブック（現在はメタ）、Aはスティーブ・ジョブズらが創業したアップル、Mはビル・ゲイツが創業したマイクロソフトです。「マグニフィセント・セブン」は、この「GAFAM」の5社にテスラとエヌビディアを加えた7社を指す呼称です。

これらの企業の社員が大変高い給料をもらっていることは、みなさんもご存知でしょう。では、あなたがこれらの会社で働くことはできるでしょうか。もちろん働ける可能性はありますが、非常に厳しい競争を勝ち抜かなければいけません。競争に勝ち抜いて採用されたとしても、会社に必要ないと判断されれば容赦なく解雇されてしまいます。生き残るためには常に実力を向上させていかなければいけません。そのための精神的、肉体的ストレスは尋常ではありません。

しかし、これらの高成長企業の収益の一部を手に入れることは誰にでもできます。

その方法こそ、「株式投資」なのです。これらの会社の株主になれば、値上がり益や配当という形で、利益の一部をもらうことができるのです。

しかも、日本と違って米国株は1株から購入できますから、極端に言えば小学生がお小遣いで株主になることが可能な会社もあるのです。あなたが株主になるということは、これらの巨大な会社の経営者や従業員に、あなたが投資したお金を使って稼いでもらう立場を手に入れることを意味します。また、そこから得られる利益の一部を分配してもらうことでもあるのです。

投資の神様と呼ばれているウォーレン・バフェットの会社であるバークシャー・ハサウェイの株に投資すれば、ウォーレン・バフェットがあなたのために日夜懸命に働いて利益を出してくれるのです。あなたが仕事をしている間はもちろん、休んでいる間も、投資先の企業はあなたのために稼いでくれるのです。これこそが、株や投資信託を通じて「投資」することの意味なのです。日本ではよく、「好きな会社に投資してその会社を応援しましょう」というキャッチフレーズを見ることがありますが、投資の本来の意味から言えば、これはまったく違います。あなたが会社を応援するのではなく、あなたが会社に投資して、会社があなたに利益の一部を分配するというウィンウィンの関係なのです。それが本来の会社と株主の関係なのです。

投資をすることのメリットは、こうした経済的なものだけではありません。

投資をすると、あなたが投資している会社の事業内容や収益が気になるようになります。会社がしっかり儲けてくれないと利益や配当も出ないですし、株価も上がらないからです。

株主の立場になると、この会社の新しい商品や新技術は成功するだろうか、世間はこの会社の新しい商品や技術をどう評価するだろうか、など今までは気にもしなかったようなことに対して自然に関心が湧くようになるのです。そうなると次は、世界情勢のこと、経済のこと、政治のことなど、世の中のあらゆることをもっと知りたいという欲求が湧いてくるものです。

こうした知識の拡大も、投資をすることの大きなメリットです。

様々な知識が身につくということは、投資の上でも大きな武器となります。経済や市場の値動きの背景が理解できるようになるため、臨機応変に適切な売買ができるようになり、結果的にもっと資産を増やす可能性が高まっていくのです。このように株式投資は、あなたの視野を広げ、経済面だけでなく、あなたの人生自体に多くの恩恵を与えてくれるのです。

『サイレントリッチ』の投資は、スタート時点では、投資に関する知識は不要と言いました。それは、投資をスタートして、続けていると、自然に「知りたい」という気持ちが強まり、自主的に勉強を始めることが分かっているからです。机上の知識ではなく、実際にあなた自身がすでに投資しているので、知識の吸収力がまったく違います。知識を得てから投資を始めるほうが失敗しないから安全と思われるでしょうが、投資ではいくら事前に知識を得てもそれを実践で生かせるとは限りません。むしろ実践しながら、時には失敗をすることで身につけた知識こそが、役立つものなのです。しかも、充分な知識が身についてからと考えていると、投資を始めるタイミングが先延ばしされてしまう危険もあります。

やや乱暴かもしれませんが、少額からでもいいので、まずは投資を始めてみる。それこそが、『サイレントリッチ』で成功する近道なのです。

どの「商品」に投資するべきか

『サイレントリッチ』を目指すみなさんは、たくさんある株式手法の中からどの「投資商品」を選べばいいのでしょうか。株式を中心にした投資にも様々なスタイルがあります。たとえば、投資資金を一度に、これぞと思う株に投資する方法では、投資する株の銘柄選択が正しく、株価が低い時に買うことができれば、とても大きな利益を得ることができます。しかし、予測が外れれば、大きな損を抱える危険性もあります。いわゆるハイリスクハイリターンな投資手法と言えるでしょう。

一時流行したデイトレードはどうでしょうか。

一日の中で値上がりしそうだと思った銘柄の株を買い、上がればすぐに利益を確定させるやり方です。投資予測が外れた時はすぐに撤退することが鉄則ですから、損害を被《こうむ》る危険も少ない反面、一日に動く株価は限定的なので利益もそれほど大きくなりません。何より市場が開いている間中、パソコンやスマホで株価の動きを追いつづけるのは極度の緊張感を伴いますし、そもそも仕事をしながらの片手間でやるのは難しいでしょう。

いずれも『サイレントトリッチ』になるための投資手法に適しているとは言えません。

『サイレントトリッチ』の手法は、投資を始める時に投資に関する知識がなくても問題なく、しかも生活の負担にならない少額から始められて、投資結果について普段は気にすることもなく、それでいてあなたが引退する頃には大きな資産ができることを目指しているからです。こうした条件を満たす投資商品は何でしょうか。

それは「投資信託」を使った長期積立投資です。

「投資信託」とは、多くの投資家から集めたお金を「ファンドマネージャー」と呼ばれるプロの専門家があなたに代わって運用をしてくれる金融商品です。投資先は複数の株式や債券や不動産など、その投資信託の目的や方向性に応じてファンドマネージャーが選んでくれるため、投資先をあなたが選ぶ必要はありません。しかも、銀行や対面型証券会社では最低1000円から1万円ですが、ネット証券では多くの投資信託が100円から購入可能ですし、最近の自動積立投資サービスではポイントを使って取引ができるものもあります。

「投資信託」とよく似た商品に「ETF＝上場投資信託（Exchange Traded Fund）」があります。両方とも仕組みはほぼ同じですが、「投資信託」は証券取引所に上場しておらず、ETFは上場しているという大きな違いがあります。

投資信託はリアルタイムでの売買取引ができないのに対し、ETFは株式市場が開いている時間ならリアルタイムで売買取引ができます。

投資信託は売り買いの注文を証券会社に出した後、数日しないと約定できず、いくらで買ったか、売ったかということも注文の翌営業日に公表される基準価額が決まるまで分かりません。その点、ＥＴＦなら注文が約定した瞬間に分かります。こう聞くと、ＥＴＦのほうがメリットが大きいように感じるかもしれませんが、『サイレントリッチ』を目指す投資にＥＴＦはあまりお勧めできません。その理由は、毎月決まった金額で自動投資する「自動積立投資サービス」を利用することができるのはごく一部の証券会社に限られているからです。ほとんどの証券会社では投資信託のように完全自動の積立投資サービスを利用することができません。ＥＴＦは分配金再投資や価格変動の管理など一部手動の作業が必要になるためです。この「自動積立投資サービス」のメリットは後ほど詳しく説明します。

商品の銘柄選定に悩む必要はない

「投資信託」と一口に言っても種類は様々です。最もよく知られている投資信託は日本株、特に日経平均採用銘柄に投資する投資信託ですが、それだけではありません。

証券会社など国内の金融機関で取り扱っている投資信託だけで、現在６０００近くあります。選択肢が豊富なのはいいことですが、初心者の方は特に「多すぎてどの投資信託を選べばいいのか分からない」というのが現状のようです。

「投資信託」は、運用する投資対象によって8種類に分類することができます。国内株式、国内債券、外国株式、外国債券、バランス型（国内外の株式や債券などを組み合わせた投資信託）、国内REIT（国内の不動産投資信託）、海外REIT（海外の不動産投資信託）、コモディティ（商品先物取引）です。

投資信託が運用成果の目安としている指標を「ベンチマーク」と言います。

日本の代表的なベンチマークとしては日経平均株価やTOPIX（東証株価指数）などが挙げられます。中でも日経平均株価は日本の株式市場の株価をみる代表的な指数です。日本経済新聞社が、東京証券取引所のプライム市場に上場されている約2000銘柄のうち代表的な225銘柄を選定し、その株価を基に算出する平均株価です。

TOPIX（東証株価指数）は、原則として東京証券取引所の全銘柄が対象になります。

市場全体の値動きを見るなら、これが最適です。

アメリカ株の代表的なベンチマークとしてはNYダウ・ジョーンズやS&P500やナスダック総合などがあります。NYダウ・ジョーンズは、ニューヨーク証券取引所やナスダック証券取引所に上場しているアメリカ各業種の代表的な30銘柄により構成されています。S&P500は、ニューヨーク証券取引所に上場しているアメリカで時価総額の大きい主要500社で構成する時価総額をベースにした指数です。

ナスダック総合は、ナスダック証券取引所に上場しているすべての銘柄約3000を対象とし、時価総額をベースにした指数です。主にハイテク企業やIT関連の企業など新興企業の割合が多いという特徴があります。

次に運用方法による分類があります。ベンチマークである指数との連動を目指す「インデックスファンド」と、ベンチマークを上回る成果を目指して積極的に運用する「アクティブファンド」です。

インデックスファンドは、日経平均株価やTOPIX、NYダウ、S&P500やナスダックなどの、特定の指標と同じ値動きになる運用を目指す投資信託です。

たとえばあなたがS&P500インデックスファンドに投資をしていたなら、あなたの投資額はS&P500の指標と同じ値動きを目指しています。このためS&P500指標が上がれば上がり、S&P500指標が下がれば下がるというふうに、常に投資額とS&P500の指標が連動します。とてもシンプルです。

インデックスファンドのメリットは、信託報酬など運用にかかる手数料が相対的に低いということです。投資対象の銘柄は基本的にベンチマークと同じなのでアナリストやファンドマネージャーといったプロが分析して銘柄を選ぶことがなく、売買頻度も少ないので取引にかかるコストが少なくて済むからです。ただし、ベンチマークを上回るリターンが期待できないことはデメリットと言えるかもしれません。

一方のアクティブファンドは、日経平均株価やS&P500などの指標をベンチマークとしながら、それを上回るリターンを目指している投資信託です。投資対象の企業の状況や市場動向を分析するアナリストや、銘柄選択をするファンドマネージャーなど多くのプロが総力で銘柄選択や売買をするため、信託報酬など運用にかかる手数料が比較的高いのがデメリットです。また、ベンチマークを上回るリターンを目指しているとはいえ、ファンドマネージャーの能力によってはベンチマーク以下のパフォーマンスしか出せない可能性もあります。

ここまで投資信託を選ぶ時に必要な基礎的な知識をお伝えしました。

では、いよいよ次は「どの投資信託に投資するのか」を決めないといけません。

『サイレントリッチ』を目指す方にまず最初に始めてほしい投資商品は、米国株式のS&P500をベンチマークにするインデックスファンドです。

なぜ、米国株式のS&P500インデックスファンドなのでしょうか。

まず最初に、なぜ日本ではなく、アメリカの株式市場に投資するのがベストなのかを説明します。一言で言えば、アメリカという国が成長しつづけているからです。

世界の金融システムの安定化と経済の健全な発展を支援するために設立されたIMF（International Monetary Fund＝国際通貨基金）による2025年のアメリカの成長率見通しは2・7％で、日本の1・1％と比べると約2・5倍です。その国の経済が成長すればそこで活動する企業の株価も上昇することが期待できるわけです。

なぜ、アメリカは成長をしつづけられるのでしょうか。

それにはいくつかの理由があります。

理由1：アメリカは世界の資本や株式や債券市場の中心になっている国だからです。
ウォールストリートをはじめとする、世界の金融の中心になっていて、世界中からお金が集まってきます。

理由2：アメリカは人口が増えているからです。移民を大量に受け入れ、人種に関係なく優秀な人が活躍できる地盤があります。日本でも人気の高い大リーグを見ても、アメリカ生まれではない選手が大活躍しています。しかも、それが大リーグ人気を支えて経済効果を生み出しています。

つまり、優秀な人材を取り込み、自分たちのプラスにするのがアメリカであり、結果として優秀な人が常にアメリカを目指し、そこで最先端の技術やアイデアが芽生えて新しい産業が生まれるという好循環が起きている国なのです。

理由3：アメリカには豊富な天然資源があるからです。具体的には石油、天然ガス、石炭、木材、鉱物資源、農産物などが挙げられ、世界に輸出されています。これらの豊富な天然資源はアメリカの輸出品目の中でも重要な位置を占め、経済成長に貢献しています。

理由4：アメリカの企業は市場の変化や競争の激化に適応するために、古い慣習や古い技術を捨て、効率が低下したビジネスモデルやプロセスを見直して、革新的な方法で再構築する「スクラップ&ビルド」という考え方をとっているからです。ダメな企業は買収されたり、退場させられたりして、実力がある新しいベンチャーが成長し、場合によっては歴史のある大企業を飲み込んでしまうこともしばしばです。つまり、アメリカ経済には新陳代謝があるのです。

しかもアメリカの大企業の多くはグローバル企業です。成長している市場に進出して、稼いでいます。つまり、アメリカ企業に投資するのは、世界市場の成長を取りに行くのとほぼ同じことなのです。

では次に、なぜS&P500というベンチマークを選ぶべきなのでしょうか。

アメリカ市場のベンチマークにも「スクラップ&ビルド」という考え方が反映されているため、頻繁に指標銘柄の入れ替えが行われています。経済の足を引っ張るお荷物企業はどんどん退場させられます。

あなたが投資する企業を考えて売り買いしなくても、利益が出せない企業は自然淘汰されていき、常に利益を出している会社しかS&P500というベンチマークに残らないのです。

S&P500という指標は、アメリカの主要な500銘柄に分散投資がすでにされていて、常に500社の入れ替わりがあり、アメリカを代表する大企業の成績に連動する形でリターンを得ることが期待でき、市場をリードするようなリーディングカンパニーの成長に期待することができるのです。これが、S&P500を選ぶ理由です。

最後になぜインデックスファンドなのかというと、信託報酬など運用コストの手数料が低いことはすでにお伝えしましたが、その他に市場や株価をチェックして投資する必要がないこと、どの銘柄がどれくらいの割合で投資されているか事前に知ることができることなどが挙げられます。何より私が重要視しているのは、長期にわたって高いリターンを出している実績があるということです。

具体的なシミュレーションを見てみましょう。

S&P500に毎月1万円、3万円、5万円をそれぞれ30年間（360ヵ月）投資した場合のシミュレーション結果を、以下の前提で計算してみます。S&P500の歴史的な平均利回りはおよそ6〜10％なのでここでは一番低い6％の利回りで計算しています（野村證券「みらい電卓」試算）。

・毎月の投資額：1万円（合計投資金額360万円）
・投資期間：30年間（360ヵ月）
・S&P500の年平均利回り：6％
→30年後の複利効果：974万円

・毎月の投資額：3万円（合計投資金額1080万円）
・投資期間：30年間（360ヵ月）
・S&P500の年平均利回り：6％
→30年後の複利効果：2923万円

・毎月の投資額：5万円（合計投資金額1800万円）
・投資期間：30年間（360ヵ月）
・S&P500の年平均利回り：6％
→30年後の複利効果：4872万円

このシミュレーションは30年間の投資を基本に行っていますが、S&P500に毎月5万円を40年間投資しつづけた場合、平均6％の利回りを前提にすると、40年後には9538万円まで増えるのです。25歳から投資を始めれば、定年を迎える65歳までに1億円近くに到達するという計算になります。『サイレントリッチ』の目標のひとつの目安である1億円の達成も充分に実現可能なのがお分かりいただけるでしょう。

次に具体的な商品選びですが、S&P500に連動するインデックスファンドの中で、日本で人気のある投資信託を二つ挙げてみました（表参照）。

		SBI・バンガード・S&P500	eMAXIS Slim 米国株式（S&P500）
信託報酬		0.0938%	0.0814%
実質コスト		0.1038%	0.1047%
トータルリターン	1年	40.70%	40.78%
	3年（年率）	21.11%	21.19%
純資産総額		2兆868億円	6兆8083億円

＊最新の数字は公式サイトや販売会社の資料でご確認ください
（2025年1月28日現在）

「信託報酬」は、投資信託を持っている間、負担しつづけるコストです。

投資信託での運用にかかるコストは信託報酬（固定されたコスト）だけではありません。「隠れコスト」と呼ばれる信託報酬以外のコスト（変動するコスト）もかかってきます。

これらを合わせた「実質コスト」に注目することも、インデックスファンド選びでは大切です。「純資産総額」とは、投資信託の運用資金のことです。

純資産総額が大きいと安定した運用が期待できます。どちらの投資信託も及第点だと言えます。

あなたが『サイレントリッチ』を目指すなら、まずは米国株式「S&P500」に連動するインデックスファンドから始めるのが私のお勧めです。

過去の実績を見ても、S&P500を選ぶことの正当性は充分、証明されています。

少なくともパフォーマンスが良くないアクティブファンドに投資するよりは、確実だと言えます。投資の神様と呼ばれているウォーレン・バフェットが、自分の死後の資産運用について妻に言い残した言葉があります。

それは「資産の90%をS&P500のインデックスファンドで運用し、残り10%をアメリカの短期国債で運用する」です。バフェットの会社であるバークシャー・ハサウェイから2013年に送られた「株主への手紙」の中でも、このポートフォリオを推奨しています。そしてバフェットは、このポートフォリオで長期投資した個人投資家は、高い報酬を受け取るファンドマネージャーよりも優れた成績を収めると考えている、とも発言しています。

確かに「米国株S&P500インデックスファンド」を使った資産運用は、個別株投資のような面白さはないでしょう。ハラハラドキドキもありません。しかし投資の知識も経験もなく、毎日の生活に追われて時間もない人にとっては、ほったらかしであっても理想的な運用ができるということが、多くの投資家から認められているのです。

為替リスクをどう考えるのか

「米国株S&P500インデックスファンド」に投資するなら日本円ではなく米ドルで投資するのではないか、そうであれば為替のリスクも考えないといけないのではないかと考える方もいるでしょう。

先に紹介した日本で人気のある投資信託であるeMAXIS Slim 米国株式やSBI・V・S&P500インデックス・ファンドは、日本国内の証券口座を通じて日本円で購入できます。米国株S&P500インデックスファンドに投資するのに、なぜ日本円で投資するのかと不思議に感じる方も多いかもしれません。日本円で投資できる理由は、金融機関やファンドが円建てでの投資商品を設計し、提供しているためです。要するに円をドルに自動換算して米国株に投資しているのです。

日本円建ての投資商品でも、実際には米ドル建ての資産に投資されているため、為替変動の影響は受けることになります。日本円と米ドルのレートが変動すると、円建ての投資商品の価格も変動します。

ここで、円とドルの今後の為替見通しについて私の考えをお伝えしましょう。

「円安」とは、ドルに対して円の価値が下がるということです。

反対に「円高」とは、ドルに対して円の価値が上がることです。

私はこれまで続いた「円高」の時代は終わり、これからは「円安」の時代が続くと考えています。円の価値が下がるわけですから、世界の中で日本がどんどん貧しい国になるということです。

先ほど「アメリカが成長しつづける」理由をお話ししましたが、私が今後日本が貧しい国になると予想する理由は、残念ながら今の日本には成長する理由が見当たらないからです。

少子化が進行し、「失われた30年」を超えて長期間にわたって経済が低迷しているうえ、半導体やエレクトロニクス製品なども中国・韓国・台湾に世界シェアを奪われてしまっています。

さらに日本には天然資源が乏しいという弱点もあり、特に石油、天然ガス、石炭といったエネルギー資源は、ほとんど存在していません。今後資源価格が上昇すれば日本にとって重荷となり、かつてのような経済規模を取り戻す可能性は低いと見るのが自然です。

日本の株式市場ではなくアメリカの株式市場に投資するほうが良いという理由でもあるのですが、「円安」が続くと予測できる一番の理由は、日本の「国債バブル」が崩壊する可能性があると予想されるからです。

通常、日本の金利が上がり、アメリカの金利が下がると、アメリカと日本の金利差が小さくなり「円高」になります。これが為替と金利の関係です。この為替と金利の関係だけを見れば、今後は「円高」になると考えるのが普通でしょう。

しかし、国債価格と金利は逆相関の関係があります。すなわち金利が下がると既存の国債の価値は上昇し、金利が上がると国債の価値は下落するのです。どうしてここで「国債」の話が出てくるかというと、日本では長期間にわたって金利が非常に低い水準にありました。このような低金利環境では、新規発行される国債の利回りが低いため、すでに発行されている高利回りの国債が高く評価され、価格が上昇するという現象が起き、外国の機関投資家や個人投資家を中心に日本の国債バブルが起こっていたのです。今後日本の金利が上がれば、日本国債の価格が下がると予想されます。同時にアメリカの金利が下がれば、アメリカ国債の価格が上がるということになります。そうなると、今まで日本の国債を持っていた外国の機関投資家や個人投資家、日本国内の投資家も、日本国債を売ってアメリカ国債市場に資金を移動する可能性が高いのです。日本の国債市場からは大量の資金が流出し、逆にアメリカには大量のお金が集まってくるのですから、市場原理としてはドル高を作ってしまいます。

すなわち、「円安」になるということになります。

長期のバイ&ホールドが最強

フィデリティ証券が2003年から2013年の10年間で、最も優れた運用益を出していた口座を調査したところ、意外な結果になりました。

最も優れた運用益を出していた口座は、口座の持ち主がすでに死んでいた口座だったのです。2番目は、口座を持っていることを忘れている人の口座でした。

この結果から何が分かるでしょうか。

何もせずにほったらかしで長期投資すれば優れた運用益を出せるということです。口座の持ち主がすでに亡くなっていたり口座を持っているのを忘れていた人だったことを考えると、投資に関する知識の有無や運用期間中のポートフォリオの見直しも、

郵便はがき

料金受取人払郵便

小石川局承認

1162

差出有効期間
2026年9月9日
まで

112-8731

東京都文京区音羽二丁目
十二番二十一号

講談社
第一事業本部企画部
ノンフィクション
編集チーム
行

★この本についてお気づきの点、ご感想などをお教え下さい。
（このハガキに記述していただく内容には、住所、氏名、年齢などの個人情報が含まれています。個人情報保護の観点から、ハガキは通常当出版部内のみで読ませていただきますが、この本の著者に回送することを許諾される場合は下記「許諾する」の欄を丸で囲んで下さい。

このハガキを著者に回送することを　許諾する　・　許諾しない）

TY 000077-2406

愛読者カード

今後の出版企画の参考にいたしたく存じます。ご記入のうえご投函ください（2026年9月9日までは切手不要です）。

お買い上げいただいた書籍の題名

a　ご住所　〒□□□-□□□□

b　お名前《ふりがな》

c　年齢（　　　）歳

d　性別　1 男性 2 女性

e　ご職業（複数可）　1 学生　2 教職員　3 公務員　4 会社員(事務系)　5 会社員(技術系)　6 エンジニア　7 会社役員　8 団体職員　9 団体役員　10 会社オーナー　11 研究職　12 フリーランス　13 サービス業　14 商工業　15 自営業　16 農林漁業　17 主婦　18 家事手伝い　19 ボランティア　20 無職　21 その他（　　　）

f　いつもご覧になるテレビ番組、ウェブサイト、SNSをお教えください。いくつでも。

g　最近おもしろかった本の書名をお教えください。いくつでも。

運用結果には影響がないとも言えるでしょう。

もちろん、運用途中で亡くなってしまったり、口座を持っていることを忘れてしまったのでは、投資でお金が増えても、それを使って生活を楽しむことはできませんが、長期戦で投資をすれば、投資でお金を増やすことができるということを証明していることは否定できません。

投資を始めたら長期で持ちつづけるという方法は、戦略の一つで、「バイ&ホールド／Buy & Hold」（買い持ち）と呼ばれます。少なくとも10年以上、平均20～30年が一つの目安で、この期間中は株価や市場の激しい変動などがあったとしても、投資先の長期的な成長や値上がりを信じて保有することで、目的を達成できる可能性がきわめて高いわけです。

『サイレントリッチ』を目指す投資信託を使った資産運用でも、このバイ&ホールドを厳守した長期投資がお勧めです。

ただ、持ちつづければいいというものの、実は言うほど簡単ではありません。とりわけ投資を始めてからの期間が短い時に市場が激しく下がる、いわゆるクラッシュなどを経験すると、多くの人は冷静さを失い不安と恐怖に支配されていきます。そして、持っている商品を売却したり、最終的には投資すること自体をやめてしまう例も珍しくありません。2024年に新NISA（少額投資非課税制度）が導入されたことで投資を始めた人も多いのですが、その後に日銀による利上げなどをきっかけに起きた株価の暴落で、慌てて保有商品を売却してしまった人もたくさんいたと言われています。

しかし、長期的に見て投資家が失敗する一番の原因は、市場が激しく下がった時に冷静さを失い、売却したり投資をストップしたりすることだということは繰り返しお伝えしている通りです。

過去の株式市場の長い歴史においては、短期的な浮き沈みを経ながら長期的には右肩上がりを続けています。次頁の図を見てください。むしろ、大きく暴落した時に安い株価で買えれば、将来大きな利益が手に入るチャンスにもなるのです。

もちろん、購入した投資信託の価額が下がるのを見れば、誰でも不安になります。そんな時は、以下の言葉を思い出してください。

「あなたが投資しているお金を使うのは『今』ではない」

そうすれば、将来的に株価が戻ることを信じて、狼狽《ろうばい》売りすることもなくなるでしょう。

人間は慣れる生き物です。投資している限りは株式市場の暴落は、この先もまたい

期間：1980年1月4日〜2023年12月28日
出所：Investing.com / Yahoo! Japanファイナンス のデータを元に
1980年1月4日を1として倍率を算出
●データ：Investing.comとYahoo! Japan ファイナンスを元に筆者作成

つか起こるでしょう。しかしこの暴落を抜け出せば、株式市場は成長していくということを身を以て経験すれば、次の暴落で慌てることもなくなるでしょう。

むしろ2回、3回と暴落を経験するほど対応能力が増していくはずです。

この「バイ&ホールド」の長期投資をキープするために私がお勧めするのが、スマートフォンの株価アプリに持っている投資商品の銘柄コード（ティッカーシンボル）やそれに関連している株価指数を登録しておき、後はそれぞれの時価だけをチェックするやり方です。あなたの投資口座にアクセスすることは極力避けるのです。株式市場や持っている金融商品の上がり下がりだけを把握しておき、口座の評価額に関しては気にしないようにします。

それだけで精神的な不安はかなり抑えられるはずです。

繰り返しますが、あなたが頻繁に確認をしたところで、その数字は含み益の現在価値であり、含み損の現在価値でしかありません。大切なのは、今の評価額ではなく、あなたが現役をリタイヤして、第二の人生が始まった時に、豊かな生活が送れるだけの資産を築くことなのです。

ドルコスト平均法

短期的な上げ下げがあったとしても、長期的には必ずアメリカ株式市場は右肩上がりで上昇します。ですから、慌てず長期で投資を続けることが大切です。

実は「長期投資」にも大きく二つの手法があります。ある銘柄や投資信託に投資したらその後はただひたすら持ちつづけるという手法と、もうひとつは同じ商品を継続的に買いつづけるやり方で、長期連続投資と言ってもいいかもしれません。『サイレントリッチ』を目指す上でお勧めなのは後者の手法です。特に、同じ投資信託を毎月定額で購入しつづける「長期積立投資」がお勧めです。

時間をかけて分散投資することで、投資のタイミングを間違って含み損を抱えてしまう危険性もありませんし、投資を始めるタイミングを見計らう必要がないため、いつでも気軽に投資がスタートできるというメリットもあります。

そして、何より大きなメリットは、「ドルコスト平均法」(Dollar Cost Averaging)の効果が期待できることです。

一定金額の投資(例:毎月15日に1万円を投資する)を長期にわたって続けることで、株価が上がっている時には少ない株数を購入し、下がっている時には多くの株数を購入することができ、投資のパフォーマンスを高める効果が非常に高いのです。

では、どれだけの効果があるのか。それを説明するために、みなさんに質問したいと思います。

A、Bの投資家が毎月1万円を同じ銘柄に6ヵ月間だけ投資しました。

投資家Aは株式市場が上昇相場の時に投資します。

ドルコスト平均法 投資

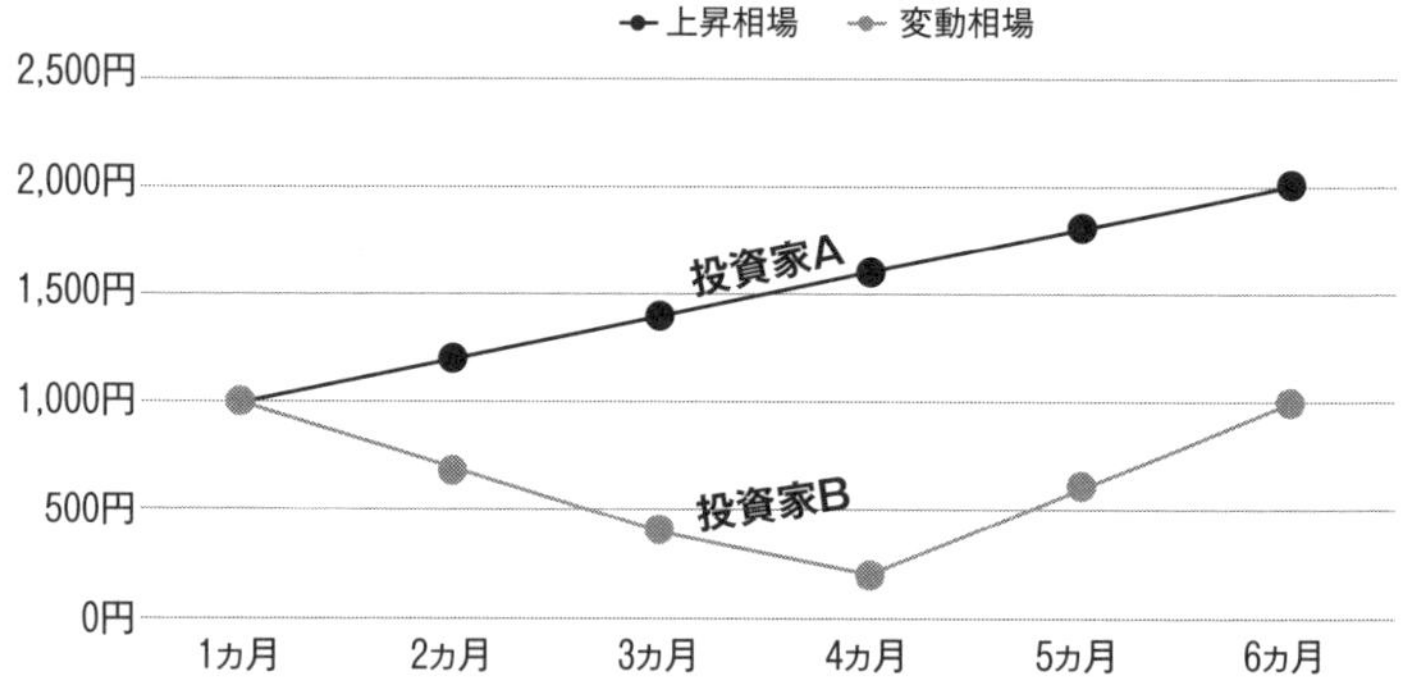

		1カ月	2カ月	3カ月	4カ月	5カ月	6カ月	6カ月投資 合計額	株数合計
投資家A	投資額	10,000円	10,000円	10,000円	10,000円	10,000円	10,000円	60,000円	
	株価	1,000円	1,200円	1,400円	1,600円	1,800円	2,000円		
	株数	10.00株	8.33株	7.14株	6.25株	5.56株	5.00株		42.28株

		1カ月	2カ月	3カ月	4カ月	5カ月	6カ月	6カ月投資 合計額	株数合計
投資家B	投資額	10,000円	10,000円	10,000円	10,000円	10,000円	10,000円	60,000円	
	株価	1,000円	700円	400円	200円	600円	1,000円		
	株数	10.00株	14.29株	25.00株	50.00株	16.67株	10.00株		125.96株

投資家Bは株式市場が上がったり下がったりする変動相場の時に投資します。

AもBも同じ株価で売却しました。

さて、あなたは投資家Aと投資家Bのどちらがお金を増やしたと思いますか。

答えは投資家Bです。なぜなら投資家BはAよりも多く株を持っているからです。

株数の計算は投資金

額を購入日の株価で割ったものになります。

投資金額1万円で1株1000円だった場合は、1万円÷1000円＝10株を購入することになるわけです。

投資家Aの場合は毎月1株の値段が上がっていく上昇相場で6ヵ月投資していて、投資家Bの場合は1株の値段が下がっていって最後は最初の値段に戻るという変動相場で投資を6ヵ月行いました。

その結果、投資家Aの持っている株数の合計は42・28株

投資家Bの持っている株数の合計は125・96株

売却時の1株の値段がともに1500円とすると、売却で手にする金額はこうなります。

投資家A　42・28株×1500円＝6万3420円

投資家B　125・96株×1500円＝18万8940円

これがドルコスト平均法の効果なのです。1株の値段は株を売却する時には重要ですが、株式投資をしている期間中は株数（投資信託の場合は口数）を増やすことが重

NYダウ vs. S&P500 指数倍率比較

期間：1980年1月4日〜2023年12月28日
出所：Investing.comのデータを元に 1980年1月4日を1として倍率を算出
●データ：Investing.comを元に筆者作成

要です。1株の値段が下がれば、その株をバーゲンで買えているのと同じです。これを実践したのが投資家Bです。株価（投資信託の場合は基準価額）が下がっていれば毎月同じ金額でたくさん株数が購入できるのです。

株式市場が暴落すると投資するのをストップする人がいますが、これは投資のバーゲンセールが始まったのにその時に買わずに、通常価格に戻るまで待ってから買い始めるという行動をとっているのと同じなのです。

株式投資では株価が上がると喜ぶ人が多いのですが、長期投資を前提にすれば、それが間違いだということが分かるでしょう。株価が高ければ高いほど良いのは売却する時なのです。投資をしている間は株数（投資信託の場合は口数）を増やすことが一番重要なのです。

ただ、株価が下がる時に株数を多く購入したいと思っても、それがいつ訪れるかは予想が付きません。だからこそ、定期的に一定額の投資を行うことに意味があるのです。一定額を定期積立購入することで、株価が上がっている時には少ない株数を購入し、株価が下がっている時には多くの株数を購入することができます。

「ドルコスト平均法」は、市場の変動リスクを分散し、感情に左右されない冷静な投資を可能にするという点で、長期的な資産形成の手段としては最強の投資戦略と言えるでしょう。

みなさんも、長期積立投資を実践し、「ドルコスト平均法」を生かしながら、「バイ＆ホールド」を続けてください。それこそが、『サイレントリッチ』に近づく最も確実な投資戦略なのです。

新NISAを活用し非課税で投資する

2024年1月に新NISAが始まりました。

誤解している人もいるようですが、NISAとは制度の名称で、NISAという投資口座や金融商品があるわけではありません。あなたが選んだ投資をNISAに指定すれば、それがNISA口座になります。

NISAの最大の特徴は、配当金や譲渡益（値上がりによる売却益）を受け取っても税金がかからないということです。通常の特定口座や一般口座の場合、配当金や譲渡益に対して20・315％の税金を払わないといけないところ、それが無税になるわけです。

たとえば10万円をA社の株に投資して、その後110万円になった時に売却すると、譲渡益は100万円となり、利益の約20％に当たる20万円ほどを税金として政府に支払わないといけません。あなたの手取りは100万円から20万円を差し引いた80万円になります。それがNISA口座で同じ取引をした場合、増えた100万円がまるまるあなたのものになるわけです。

あまりにもおいしい話のため、何か落とし穴があるのではないかと疑ってしまいそうですが、紛れもない事実です。総合口座などでの取引の場合、儲けが出た取引と損をした取引の利益と損を通算して、儲けにかかった税金を確定申告で取り返すことができるのに対し、NISA口座ではそれができないことをデメリットだと指摘する意見もあるようですが、そもそも儲けが非課税なのですから、当然と言えるのではないでしょうか。

NISAをうまく活用するためには、その仕組みを理解しておくことが大切です。NISAには「つみたて投資枠」と「成長投資枠」の2種類があります。「つみたて投資枠」は年間120万円、「成長投資枠」は年間240万円、合計360万円までが1年間の投資金額（投資枠）です。生涯非課税保有限度額は1800万円という上限があり、そのうち、1200万円まで「成長投資枠」として投資することができます。

投資した商品や株を売却した場合、売却した元本の金額が翌年から非課税枠として復活します。まさに神対応と言ってもいいでしょう。また、成長投資枠という名前が付いているため、IT企業のような銘柄の取引にしか使えないと思われがちですが、国内株式、海外株式はもちろん、投資信託、国内ＥＴＦ、海外ＥＴＦ、ＲＥＩＴを購入することも可能です。

それに対し、「つみたて投資枠」で購入できるのは投資信託とＥＴＦのみです。投資できるのは金融庁が選んだ商品のみですが、「インデックス型投資信託」２４２本、「アクティブ型投資信託」51本、「ＥＴＦ」８本（２０２５年1月10日時点）とかなり充実しています。どれも運用成績などを基に金融庁が設けた一定の基準をクリアしたものです。注意が必要なのは、金融機関によって取り扱う商品が異なることです。

本数が多ければいいというものでもありませんが、ＮＩＳＡ口座を開設する際は、自分が買いたいと思う商品を取り扱っているかどうか事前に確認したほうがいいでしょう。最低限、本書でお勧めしているＳ＆Ｐ５００連動型インデックスファンドが含まれていることは必ずチェックしてください。

出所：金融庁　NISA特設ウェブサイト

	つみたて投資枠	併用可	成長投資枠
非課税保有期間	無制限		無制限
制度 （口座開設期間）	恒久化		恒久化
年間投資枠	120万円		240万円
非課税保有限度額 （総枠）	1,800万円		
			1,200万円（内数）
投資対象商品	長期の積立・分散投資に適した一定の投資信託 （金融庁の基準を満たした投資信託に限定）		上場株式・投資信託等※
対象年齢	18歳以上		18歳以上

※　①整理・監理銘柄 ②信託期間20年未満、毎月分配型の投資信託およびデリバティブ取引を用いた一定の投資信託等を除外
(注)2023年末までに、つみたてNISAおよび一般NISAの口座において投資した商品は、2024年1月以降はNISAの外枠で管理され、2023年までのNISA制度における非課税措置が適用されます
出所：金融庁　NISA特設ウェブサイト　NISAのポイント

証券会社の選び方

以下、NISA口座を活用することを前提に、投資を始めるための手順を紹介していきます。まず、着手するべきことはNISA口座の開設です。

NISAは一人1金融口座しか持てないので、どこでNISA口座を開設すればいいか悩むところでしょう。NISA口座は、証券会社の他にも銀行、一部の保険会社などでも取り扱っています。

自宅や職場に近いなどの理由から、銀行でNISA口座を開設してもいいかと思うかもしれませんが、これはお勧めできません。金融機関によって購入できるNISAの対象投資銘柄は異なり、銀行では投資信託のみを取り扱うので、将来的に投資の幅を広げていきたい時に不便です。保険会社も同様の理由から除外していいでしょう。

必然的に証券会社が残るのですが、証券会社には対面証券とネット証券があります。対面証券は営業担当者から投資情報や投資銘柄の提案を受けることができますが、知識や経験がない人にとっては、営業担当者が言う通りに投資することになる可能性もあります。このため、証券会社や営業担当の利益やノルマのための投資銘柄を選択させられる可能性もありそうです。また、対面証券はＮＩＳＡ対象の投資銘柄もネット証券に比べると少なく、手数料も高くなりがちです。

これらから消去法で、本書ではネット証券に口座を開くことをお勧めします。ネット証券では、投資情報や投資銘柄の確認から注文まで、パソコンやスマホで完結します。パソコンやスマホを操作するのが苦手という方もいるとは思いますが、ネット証券に電話すれば操作方法を教えてもらえます。一度口座を設定すれば毎日する作業ではありません。構えることなくリラックスしてネット証券の口座を開設してください。

では、どのネット証券を選べばいいでしょうか。

結論から言えば、ＳＢＩ証券、楽天証券、マネックス証券の3社がお勧めです。この3社なら取扱商品数や手数料などに関して大きな差はありません。クレジットカードを利用した積立投資でポイントを取得することもできます。

銀行、クレジットカードなどには利用金額によるポイント還元制度がありますから、そのポイントを貯めやすい証券会社を選ぶのも一つの方法です。

参考までに各社のポイント連携は以下となります。

ＳＢＩ証券：三井住友カード……Ｖポイント、ポンタポイント、ｄポイント、ＪＡ

Ｌマイル、ＰａｙＰａｙポイント
楽天証券：楽天カード……楽天ポイント
マネックス証券：マネックスカード・ｄカード……マネックスポイント、ｄポイント

ＮＩＳＡ口座の開設サポートデスクに電話をしてみるのもいいかもしれません。電話の応対の良し悪しやオペレーターに繋がるまでの時間の長さは一つの選択基準として有効です。取引サイトの使い勝手なども選択肢ですが、初心者にはなかなか判断が付きませんし、慣れてしまえばどれでも大きな違いはないと思います。

『サイレントリッチ』への一歩を踏み出そう

ＮＩＳＡ口座を開設できたら、いよいよ投資を始めましょう。

ＮＩＳＡの「つみたて投資枠」口座に毎月無理なく自動積立投資ができる金額を設定して、あなたが選んだ投資信託で自動積立投資を始めてください。

先ほども触れましたが、『サイレントリッチ』を目指すなら、米国株式Ｓ＆Ｐ５００に連動するインデックスファンドから始めるのが私のお勧めです。

また、どのくらいの投資金額から始めればいいか、悩む方が多いようです。

最近は生活費以外すべてを投資してもいいといった意見も聞きますが、私はそこまで極端なことはするべきではないと考えています。収入などの条件によって異なりますが、まずはあなたが、運用の結果を気にしなくていい金額で決めてはどうでしょうか。投資したことを忘れられる金額と言い換えてもいいかもしれません。手取り収入の何%と決める方法もありますが、これもお勧めしません。何かの理由でその金額を投資できないと、挫折感が生まれ、投資意欲が下がってしまう危険があるからです。その結果、投資すること自体に興味がなくなってしまうこともあり得ます。これは実にもったいないことです。

アメリカでは25ドルから始める人もたくさんいます。

日本でも、証券会社によっては100円から自動積立投資できるところもありますが、100円を毎月30年間投資しても、まとまった金額にはなりません。利回り9%でも、30年後の資産額は18万円程度にしかなりません。私たちが投資をする目的はあくまでも『サイレントリッチ』になることなのです。投資をして良かったと実感できるようにするためにも、少なくとも毎月3000円以上から始めるべきでしょう。

余裕がある時に追加投資することもできますし、最初の金額は少なくても後から毎月の投資金額を増やしていくこともできるので、早く始めて、長く続けることが大切です。

早く始めることのメリットは、前にも触れた複利の経験ができることです。投資を始めて数年以内には、大きな市場下落に遭うかもしれませんし、相場が悪く投資額を下回るようなことがあるとめげてしまうかもしれません。しかし、ある程度の投資経験があれば、「上がれば下がるのは当然で、いずれは上がる」と余裕を持って投資を続けられるでしょう。また、当然ですが、早く始めるほど増える速度が速く、しかも大きくなります。

増えることが実感できれば投資に対する自信が持てるようになるでしょう。そうなると、さらに投資額を増やしたいという欲求が自然に出てきます。

その結果、目標に到達するまでの時間も短縮できるのです。

投資では分散投資が重要と言われますが、それは、投資額がある程度以上になってからです。毎月数千円で投資を始めるという人が、複雑なポートフォリオを組みたいと思っても現実的には難しいでしょう。たとえば、投資信託に毎月1万円投資する場合、五つのファンドを組み合わせることもできますが、投資信託はそもそも分散投資によって構成される商品ですから、さらに分散することでどれだけ効果があるかは疑問です。

反対に投資対象を分散し過ぎて、増えづらくなる危険もあります。

ですから最初からどのファンドがいいか悩むこと自体、良いこととは言えません。あまり知識がない中で比較しても、判断が難しいからです。どの投資商品に投資したらいいか決められず、結果的に投資を始めるタイミングが遅れるとすれば、そのことのデメリットのほうが大きいのです。最初は専門家が推奨している投資銘柄を買うくらいでも構わないのです。勿論、投資や運用の知識があるに越したことはないですが、それよりも始めることが大切です。

目指しているのは投資のプロになることではありません。むしろ投資の知識もなく、投資にかける時間がない人が始めても、いつの間にか、大きな資産ができているのが『サイレントリッチ』なのです。

『サイレントリッチ』への道はいま、始まったばかりです。少なくとも5～6年経てばお金の増え方の変化に気づくでしょう。それまで半信半疑だったあなたも少し確信が持て、毎月自動積立投資の金額を増やしたいと思うはずです。10年経てば『サイレントリッチ』を始めておいて良かったと思うでしょうし、毎月の自動積立投資の金額を大幅に引き上げようと考えるかもしれません。これが、投資スイッチが入った瞬間です。

　この段階に到達すると、投資に対する意識も変わってきます。これまでは、専門家が推薦する投資銘柄にただ投資をしていただけだった人が、もっと自分に合った投資銘柄があるのではないかと、勉強をして良い投資銘柄を見つけたいという気持ちになります。

　また、実際に自動積立投資の結果を見ると、なぜこんなに増えたのか気になりはじめ、これまでは現在価値だけをチェックしていたのに、投資銘柄の内容やパフォーマンスの数字にも目を通すようになります。「なるほど、こういう銘柄に分散投資してきたから、これだけのパフォーマンスが出たのか」と納得したり、自分なりの確信を得たりして、さらに自信を持って運用に向き合えるようになります。しかも、一度確信が得られると、株式市場の短期での上下動に一喜一憂することがなくなってくるでしょう。むしろ、値下がりすると、投資するチャンスだと思えるはずです。

　投資信託だけで運用していた人も、投資スイッチが入った後は個別株にチャレンジを始めることが多くなります。個別株は投資信託での運用に比べてリスクが高いことは事実です。

しかし、投資信託では得られない高い収益を短期間で得られるチャンスもあります。投資信託で投資の経験を積んだ方は、次のステップとしてＮＩＳＡの「成長投資枠」でチャレンジするのも良いことだと思います。

第4章

『サイレントリッチ』になるための運用資金捻出術

「投資する資金がない」は本当か

「投資には興味があるが、今まで投資するチャンスがなかった」

「投資で資産運用をしたいが、知識がないので一歩が踏み出せない」

そうした声をしばしば耳にします。投資をしていない理由は様々だと思いますが、「投資したくても投資するお金がない」という人も多いのではないでしょうか。

最近の投資は、ｉＴｕｎｅｓやネットフリックスやゲームや漫画のサブスクに毎月お金を支払うのと同じくらい、気軽にできるようになりました。まとまったお金がないと投資ができないというのは一昔前の話です。

日本株を例に取ると、今でも最低購入単位が１００株（単元株）ですから、一株の値段が３０００円の株であれば30万円（３０００円×１００株）の投資資金がないと取引ができません。

しかし、今はネット証券を中心に選択肢が増え、１株単位（単元未満株）から購入でき、金額にすると数十円や数百円から購入できるものもあります。ただ、取扱銘柄や注文できる時間帯に制約があったり、株主優待がもらえない、手数料が割高になるなどのデメリットもあります。証券会社によって呼び方も内容や条件も違い、マネックス証券は「ワン株」、SBI証券は「S株」、楽天証券は「かぶミニ」というサービス名になっています。ちなみに米国株は1株から購入でき、1株でも100株でも同じ条件で買うことができます。

この点を見てもアメリカで多くの人が気軽に株式投資をしている理由が分かります。

しかしながら、私たちが投資をする目的はあくまでも『サイレントリッチ』になることなので、投資をして良かったと実感するためにも、少なくとも毎月3000円以上から始めていただきたいのですが、3000円以下であっても投資を始めることのほうが重要ですから、まずはあなたが用意できる運用資金で始めてください。投資にだんだん慣れてきて、自信が持てるようになった時点で、金額を増やしていけばいいのです。

本書では、運用資金を用意する方法として、お金の置き場所を換えることで資金を捻出する秘策をお伝えしたいと思います。

まず最初に質問です。AとBという二つの金融商品があります。

どちらも毎月定額のお金を30年間、預ける金融商品ですが、預ける時の条件が違います。

金融商品A

・30年経つ前にお金を引き出したい場合、二つの選択肢から一つ選ばないといけません。

①あなたが預けたお金よりも少ない金額で解約をして、お金を引き出す。

②解約はしなくていいが、3%の金利を払ってローンでお金を引き出す。

・あなたが死亡した場合、預けたお金は金融会社に没収されます。

金融商品B

・30年経つ前にお金を引き出したい場合、いつでも引き出すことができます。引き出せる金額は最低でもあなたの預けたお金かそれ以上でいつでも引き出せます。

・あなたが死亡した場合、預けたお金は家族に渡されます。

あなたならAとBのどちらを選びますか。もちろん、多くの人が迷わずに金融商品

Bを選ぶと思われるでしょう。

しかし実は約8割の人が、金融商品Aを選んでいます。

「そんなおかしな選択をする人がいるわけがない」と思われる方が多いと思います。私もそう思います。この質問にある金融商品Aとは「貯蓄型生命保険」のことです。では、なぜ、あえて損をする金融商品Aを選んでしまうのでしょうか。

それには二つの理由があります。

一つ目の理由は、販売する人が金融商品Aのメリットだけを説明して、デメリットについてはほとんど説明しないからです。このため、金融商品Aの内容を充分理解せずに購入してしまうのです。二つ目に、金融商品Bの存在に知識があって質問しない限り、説明を受けることがほとんどないからです。

まだ腑に落ちない人もいるでしょう。

では、もっと有利な商品があるにもかかわらず、なぜ多くの人があえて損をする金融商品Aを選んでしまうのかという具体的な説明をしたいと思います。

現在、私たちが「生命保険」と呼んでいる商品が生まれたのは、イギリスの数学者ジェームズ・ドドソンが寿命の統計データを基に数学的なアプローチによって公平な生命保険料を算出する方法を提供し、1762年に近代的な生命保険制度ができたのがきっかけになっています。世界的にはすでに260年以上前から「生命保険」があったことになります。

日本の「生命保険」は、明治14年（1881年）に日本最古の生命保険会社である明治生命（現在の明治安田生命）が設立されたのが始まりです。

これだけ長い歴史があり、今もなお多くの方が利用しているのですから「生命保険」という金融商品には、社会の中で必要とされる機能が備わっているに違いありません。しかし長い歴史の中で、今の時代に合わなくなっている保険商品があるのも事実です。しかも、多くの人がそのことに気付かず、時代遅れな保険商品を利用しつづけていることに問題があるのです。

そこで、再び質問です。

様々な種類の保険がありますが、ほとんどの保険には普遍的な共通点が一つあります。次ページに示した保険のうち、その普遍的な共通点がないものはどれでしょうか。

答えは「生命保険」です。

「生命保険」だけが、保険に加入している本人（被保険者）が保険金を受け取ることができず、契約時に指定された人が受取人となる保険なのです。

保険の種類

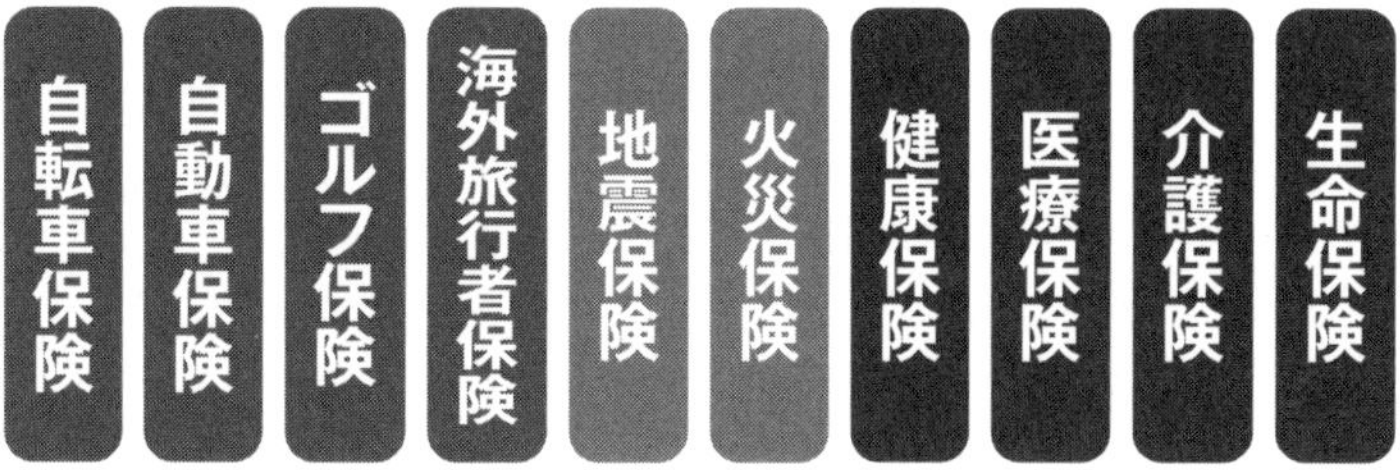

保険料を払っているのは自分なのに、自分が恩恵に与《あずか》れないのは、納得できない。そういう理由から「生命保険」に入りたくないと考える人も出てきました。一家の大黒柱に万一のことがあった時、残された家族が生活に困らないようにするという目的を考えれば、生命保険に入って当然なのですが、本人にとっては釈然としないのも分からないでもありません。そこで保険会社が考え出したのが「貯蓄型保険」でした。「積立型保険」という言葉もありますが、本書では現在、主流になっている「貯蓄型保険」という言葉を使いたいと思います。

「貯蓄型保険」とは、簡単に言うと生命保険に貯蓄や資産運用の機能を付加した保険です。これなら、死亡保障という保険本来の機能に加えて、貯蓄も同時にできることになり、加入者に支持されて急速に広まっていきました。生命保険とは本来すべて掛け捨てなのですが、そこに貯蓄と資産運用の機能を付加したのが貯蓄型保険です。

「貯蓄型保険」はアメリカとヨーロッパで1850年以降に始まったと言われています。日本の生命保険業界はこの「貯蓄型保険」を普及させるため、さらに工夫をしました。

貯蓄性を持たず、死亡保障だけに特化した生命保険を、正式な名称である「定期保険」とは呼ばずに、「掛け捨て保険」という通称を作り出したのです。

人間は心理や感情に大いに左右される生き物です。「掛け捨て」と聞くとなんとなく損をするという心理になりませんか。反対に「掛け捨てではない」という理由だけで内容をあまり理解していなくても「貯蓄型保険」を選ぶようになってしまったのです。

本来、保険は「掛け捨て」が基本です。積立型火災保険や積立型自動車保険という商品が普及しないのは、保険の基本が「掛け捨て」だからです。

なぜ生命保険に加入するのか

日本では世帯の9割が「生命保険」に加入していると言われています。恐らくみなさんの多くも「生命保険」に加入していると思います。中には複数の「生命保険」に入っている方もいるのではないでしょうか。

では、あなたは何のために「生命保険」に加入しているのでしょう。

ほとんどの人は「万一のことがあった時、家族が経済的に生活に困らないようにするために加入している」とお答えになるでしょう。確かにそれは正しい考え方ですが、言い換えると、「万一のことがあった時、資産がないから、家族が経済的に生活に困らないようにするために加入している」と捉えることもできるのではないでしょうか。

たとえば、あなたに現金や預金資産が3億円あるとします。それでもあなたは、毎月高い保険料を払って、死亡保障額3000万円の「生命保険」に加入するでしょうか。恐らく答えはNOでしょう。

事実、大金持ちの人は生命保険に入っていないことが多いのです。なぜなら自分に万一のことがあっても、家族が路頭に迷う心配がないだけの資産があるからです。

通常、年齢が若ければ若いほど資産が少ない人が多いですし、年をとって引退する年齢が近づくと、資産が増えているのが一般的な人生の流れです。一方、家族への責任の大きさは逆のベクトルになります。30歳で結婚し、子どもがいて、住宅ローンが残っていれば、家族の生活を支える責任は大きくなります。逆に65歳で子どもも独立し、住宅ローンも終わっていれば、責任は小さくなっています。

これは「責任低減の理論」といい、責任が大きいにもかかわらず資産が少ない時にそれをカバーするために入るのが「生命保険」だという考え方です。

つまり、あなたに経済的に支えなければいけない家族があり、現時点でまとまった資産がない場合は、必ず生命保険に入るべきでしょう。しかし、資産が増え、子どもが独立して、家のローンが終わった時には、家族への責任が低下しているので、持っている資産額や状況に合わせて「生命保険」を見直す必要があるのです。引退する頃には「生命保険」が必要ない状況になっているのが理想です。「生命保険」は一生持ちつづける必要がない金融商品なのです。

しかし、多くの人が引退した後にも「生命保険」を持ちつづけています。中には引退してから「生命保険」に入る人もいるくらいです。

それは「生命保険」を卒業できるだけの充分な資産を持っていないからであり、その一つの原因が貯蓄型保険にあるのです。

生命保険から投資のお金を捻出する

家計の出費に占める割合の中で、貯蓄型保険の毎月の掛け金は高いのではないかと思います。現に貯蓄型の保険はマイホームの次に高い買い物と言われています。

逆に言えば、これほど大きなお金を払っている生命保険を見直せば、家計に余裕資金が生まれることになり、そのお金を投資に回すことができるのではないでしょうか。

50年ほど前にアメリカで「Buy Term and Invest the Difference」という考え方が生まれました。Term とは Term Insurance の略で定期保険（掛け捨て保険）のことです。つまり、「生命保険は定期保険（掛け捨て保険）にして、投資は別にする」という意味です。

あなたがすでに貯蓄型保険を持っているならば、「生命保険は定期保険にして、貯蓄型保険で払っていた掛け金と定期保険で払う掛け金の差額を投資に使えばいい」のです。これを実行した場合、どれだけの効果があるのか見てみましょう。

O社とL社の生命保険の見積もり内容で「Buy Term and Invest the Difference」＝「生命保険は定期保険（掛け捨て保険）にして、投資は別にする」を検証してみました。

30歳、男性、死亡保障額3000万円、保険料を30年間支払うとします。

O社は貯蓄型保険の終身保険（貯蓄型保険には様々な商品があり、それぞれの商品で内容や条件が違います）で、保障内容は死亡保障のみ、解約払戻金がある貯蓄機能が付いています。保険料を30年間払い込み、100歳まで保障と貯蓄が続く終身保険の見積もりを参考にしています。L社は30年間保険料が一定金額の定期保険（掛け捨て保険）です。

O社の掛け金は1ヵ月5万8080円で、L社の掛け金は1ヵ月5593円でした。死亡保障額3000万円で、30年間保険料を支払うというまったく同じ条件です。それなのに貯蓄型保険と定期保険（掛け捨て保険）では10倍以上の掛け金の違いがあり、毎月の差額にすると5万2487円、年間の差額にすると62万9844円、30年の差額にすると約1890万円の差になるのです。

では次に、死亡時に家族が受け取れる金額を比較してみましょう。30年後に60歳で亡くなった場合、家族の手元にはどれだけの現金が残るかの比較です。

貯蓄型保険で死亡保障額3000万円のO社の生命保険を購入していた場合は、死亡保障額3000万円が保険会社から家族に支払われます。一方、定期保険の場合も保険会社から家族に支払われるのは死亡保障額3000万円です。

しかし、ここからが注目すべき点です。

貯蓄型保険と定期保険 掛け金の違い

死亡保障 掛け金期間		O社 貯蓄型保険	L社 定期保険
3000万円	月額	5万8080円	5593円
掛け金を 30年間支払う	年額	69万6960円	6万7116円
	30年 合計	2090万円	201万円

貯蓄型保険を定期保険（掛け捨て）にすることで月額5万2487円を他のものに使える。30年間で約1890万円違う

Ｌ社の定期保険に入っている場合は、毎月の保険料が貯蓄型保険より５万２４８７円安くなっているので、その安くなった差額を銀行で貯蓄した場合、30年後の合計金額は約１８９０万円（毎月５万２４８７円×30年＝１８８９万５３２０円／利回り０％とした場合）になります。保険金の３０００万円と現金約１８９０万円の合計約４８９０万円を家族は受け取ることができるのです。

しかもこの金額は、差額の５万２４８７円を銀行に０％の金利でそのまま預けた場合です。

もし、このお金を投資信託などで運用した場合はどうなるでしょうか。

たとえば平均３％の利回りで30年投資を続けた場合、複利計算をすると、30年後には３０８６万４０４３円になる計算です。保険金３０００万円とあわせ、家族が受け取る金額は６０８６万４０４３円に

貯蓄型保険と定期保険 死亡時の受取額の違い

	貯蓄型保険	定期保険		差額のお金を銀行に預金した場合
月額	5万8080円	5593円	＋	5万2487円
支払い額 30年合計	2090万円	201万円	＋	1890万円
死亡保障額	3000万円	3000万円		
家族が受け取る合計額	3000万円	3000万円	＋	1890万円
	死亡保障額3000万円のみが家族の手元に残る	死亡保障額3000万円 と 貯蓄分1890万円 合計4890万円 が家族の手元に残る		

なります。

では、60歳を超えた後のことを考えてみます。Ｏ社の貯蓄型保険は30年間保険料を払い込む終身保険なので、61歳から保険料を支払う必要がなくなり、死亡保障３０００万円は１００歳まで続きます。この貯蓄型保険を持ちつづけた場合の解約払戻金と、Ｌ社の定期保険に入って差額の５万２４８７円を30年間３％で投資した結果の３０８６万円を30年以降も３％の利回りで投資した場合の比較をしてみましょう。

１００歳まで貯蓄型保険を持ちつづけて亡くなった場合、死亡保障額の３０００万円を家族が受け取ったとしても、この３０００万円はあなたが貯めた貯蓄の部分、すなわち解約払戻金の２９５０万６８００円とほとんど同額なので、結局はあなたが貯めたお金を家族が受け取ることになるのです。

	解約払戻金	60歳以降3086万円が3%の利回りでまわった場合
60歳	1697万4000円	3086万4043円
70歳	2607万2400円	4147万8693円
80歳	2774万3400円	5574万3895円
90歳	2888万7300円	7491万5133円
100歳	2950万6800円	1億67万9675円

L社の定期保険（掛け捨て保険）の場合、60歳以降は生命保険はなくなりますが、この時すでにあなたは死亡保障額とほぼ同じ3086万円の資産を持っています。これをアメリカではSelf-Insured（セルフインシュアード）と言います。すなわち保険会社を通さず、リスクに備えるための費用を自ら負担するということです。

もしあなたが100歳で亡くなったとしても、家族は約1億円という資産を受け取ることになります。定期保険（掛け捨て保険）が損する生命保険ではないということを理解していただけたのではないでしょうか。

要するに、保障自体は貯蓄型保険も定期保険も同じなのですから、保障は定期保険で確保して、貯蓄型保険で払っている保険料と定期保険で払う保険料の差額を、あなた自身で投資運用すればいいのです。そうすれば保険会社に高い手数料を支払う必要もなくなり、それだけ生命保険から卒業できる時期も早まるので、まさに一石二鳥というわけです。これが「Buy Term and Invest the Difference」＝「生命保険は定期保険（掛け捨て保険）にして、投資は別にする」戦略なのです。

「貯蓄型保険」より「定期保険」を選ぶことこそが、投資のお金を捻出するための最大のポイントであることがご理解いただけたのではないでしょうか。浮いたお金を投資に回せば、貯蓄型保険に入るよりもはるかに効率的に資産を増やすことができます。これこそが『サイレントリッチ』になるための運用資金を捻出する秘策なのです。

実は私がこの秘策を知った時はまだ20代だったので、私もアメリカでは生命保険に入っていませんでした。ただ、この考え方を知っていたので、生命保険が必要になった時、はじめから定期保険を選んで、同時に投資を始めることができたのです。

つまり、「Buy Term and Invest the Difference」＝「生命保険は定期保険（掛け捨て保険）にして、投資は別にする」を最初から実践できたのです。これはとてもラッキーなことで、貯蓄型保険に無駄なお金を使うこともなかったですし、投資に使う時間を20代から味方につけることができたのです。この考えを理解していれば、生命保険を必要になった時、迷わず定期保険を選ぶでしょうし、同時に少額からでも投資を始めることができるはずです。それによって遠回りをせずに『サイレントリッチ』になることができるのです。

保険の見直しをためらう心理

加入している貯蓄型保険から定期保険に変更し、保険料の差額を自分で運用することがいかに合理的だとしても、長年加入していた貯蓄型保険をすぐに解約するのは簡単ではないでしょうし、誰もがすぐに変更することが正解とも言えません。年齢、加入期間、持っている保険内容により、とるべき方策が変わってくるからです。

まず、「解約」に踏み切れない人がいるのは、いわゆる「サンクコスト効果」があるからです。サンクコストとは、過去に払ってしまい取り戻すことができない費用のことです。

本来は、意思決定をする際はサンクコストを考えず、今後の損益だけを考えて判断するのが賢明です。しかし現実は、これまでに支払ったお金や時間を惜しんで続けてしまうのです。これが「サンクコスト効果」です。

特に「サンクコスト効果」の葛藤《かっとう》で悩むのは、保険料の払込期間が満了していない人でしょう。いま解約すれば払い込んだ保険料の全額は戻ってこないからです。

しかし、こう考えてはいかがでしょうか。

「払い込んだお金がまったく戻ってこないわけではないし、戻ってこないお金は保険代として払っていたんだ」

解約して戻ってくるお金を「解約払戻金」と言いますが、支払った保険料が全額戻ってこなくても、一部でも戻ってきたお金と安くなった保険料の差額を投資で運用することはできるのです。

それでも貯蓄型保険の解約、あるいは変更に心理的抵抗がある人のために、貯蓄型保険の七不思議の話をしましょう。

不思議その1　お金を引き出すには金利を払って借りないといけない

貯蓄型保険の大きなメリットは、保険料を払うことで解約払戻金が増えていくことです。

しかし、これはあくまでも解約時に戻ってくるお金で、契約期間中に自由に引き出して使えるわけではありません。お金を引き出すには保険会社に金利を払ってお金を借りなければいけないのです。あなたが積み立てているあなたのお金なのに、どうして金利を払って借りないといけないのでしょうか。あなたが銀行に預金をしていて、引き出そうとした時、銀行から「金利を払ってお金を借りてくれなければ引き出せません」と言われたら、そんなバカなと、怒るのではないでしょうか。同じことが貯蓄型保険では行われているのに誰も怒らないのは本当に不思議でなりません。

さらに最悪なのは、保険会社からお金を借り入れている時に加入者が亡くなった場合、死亡保障額からその借入金を差し引かれた金額が死亡保障金として支払われるということです。なぜこのようなことが起こるかというと、生命保険の保険料は払った瞬間に自分のお金ではなくなるからです。あなたが払った保険料は契約者共通の財産になり、そこから将来の保険金支払いに備えて積み立てられます。それを責任準備金といい、解約払戻金とほぼイコールです。その責任準備金の中から一時的に借り入れをするとなれば、その分運用ができなくなりますから、他の契約者との公平性という観点から金利を取ることになっているのです。「そういう契約だから仕方ない」という意見もあるかもしれません。

しかし、仮にそうならば、そんな契約ではない方法でお金を貯めるべきではないでしょうか。

不思議その2　解約払戻金

保険会社に金利を払わずにお金を引き出したい場合は、保険そのものを解約するしかありません。しかし、保険料の払込期間満了前の引き出しで戻ってくるのは、あなたが払い込んだ保険料の合計金額よりも減額されている金額なのです。なぜ、「貯蓄型」と言いながら、払い込んだ保険料の合計よりも少ない金額しか戻らないのでしょうか。保険料は純保険料と付加保険料から成り立っています。付加保険料とは保険会社の経費にあたるもので、次の二つの理由で解約払戻金に影響を与えます。

理由①：保険会社の運用費や管理費が保険料から差し引かれているため。
理由②：保険会社の手数料や外務員の報酬の初期コストが、保険料の払い込みの期間によっては影響を与えているため。

これらの費用が、あなたの支払った保険料から差し引かれているのです。
保険会社も営利目的の企業ですから経費や手数料を取るのは当然と言えますが、こういった仕組みを知らずに貯蓄型保険を購入される方が多いのが現状ではないでしょうか。

すべての条件や規則は契約時に渡される契約書や約款に詳細に明記されています。

この内容を最初から最後まで読む人は少ないでしょうし、保険外務員も契約書や約款を隅から隅まで説明はしないでしょう。実際にお金が必要になって引き出す時に、はじめて色々な条件や規則を知る人が多いのが現状なのです。

次に、純保険料について見ていきます。純保険料は将来の保険金に備えて積み立てられる部分で、積み立てたものが前述の責任準備金にあたります。純保険料はさらに死亡保険料と生存保険料に分かれます。保険料を支払った回数、期間にかかわらず契約者全体で拠出した死亡保険料の中から死亡保険金が支払われます。

一方、解約した場合の解約払戻金は生存保険料として積み立てた部分から支払われる仕組みのため、払った保険料よりも少なくなってしまうのです。

不思議その3　死亡した場合はあなたの積み立てたお金は没収される

先ほどのO社の貯蓄型保険の例の中で、貯蓄型保険に入っている人が60歳時に死亡すると保険金の3000万円が家族に支払われるとお伝えしました。では、あなたが30年間積み立てた約2090万円はどこにいったのでしょうか。

それも保険料の仕組みを知れば腑に落ちるのではないでしょうか。30年間支払いつづけた保険料のうち、付加保険料は保険会社の経費として使われ、生存保険料はまだ亡くなっていない他の契約者のためにそのまま責任準備金として共通の財産に残ります。亡くなった方の家族が受け取る３０００万円は、全契約者が拠出した死亡保険料から支払われたものです。

掛け捨て保険が貯蓄型保険よりはるかに安いのは、支払う保険料が死亡保険料と付加保険料だけですむからです。人間は同時に生きて死ぬことはできません。貯蓄型保険に加入すると、死亡保険料と生存保険料を支払うことになりますから、必ず自分以外の人のために使われてしまう部分が発生します。つまり、生命保険は契約者同士で助け合う仕組みが基本となっています。

すでに述べたように、まだ資産が少なく、残された家族が路頭に迷う可能性があるという状況では、保険という助け合いの仕組みを利用して、万一の場合には必要な死亡保険金を確保できるようにしておくべきでしょう。しかし、資産が増えるにつれ、保険に頼らなくてはならない部分は減っていきます。したがって、資産ができるまでのつなぎとして、割安な掛け捨て保険を利用するのが合理的です。

ここまでは保険の仕組みにまつわる「不思議」を見てきました。ここからは生命保険の加入にまつわる「不思議」を見ていきます。

不思議その4　死亡保障額は保険料がいくら払えるかで決まることが多い現実

定期保険（掛け捨て保険）は掛け金が安いので、生命保険の死亡保障額を引き上げられることがメリットです。今後インフレになる日本で、万一、家族の生活を支えている人が亡くなった場合、1000万円や2000万円の死亡保障額で、家族が今までと同じような生活を何年送れるのかということまで考えて、生命保険に入る人は少ないのではないでしょうか。

特に貯蓄型保険は保険料の設定が高いために、死亡保障額を下げて少しでも保険料の払い込み額を抑えようとする傾向があります。インフレ率が今後、毎年2〜3%で推移することを想定すると、子どもがいる家庭であれば、少なくとも3000万〜5000万円の死亡保障額は必要だと思います。なぜならそれぐらいのまとまったお金があれば、そのお金を原資として投資運用して「複利と時間」でお金を増やすことができるからです。

しかし貯蓄型保険の購入を考える時は、死亡保障額より「毎月いくらの保険料を払えるのか」を基準にしている場合が多いのです。先ほどのO社の見積もりも同様に30

歳、男性という条件であれば、死亡保障額が2000万円なら毎月の保険料が3万8720円、死亡保障額が1000万円なら毎月の保険料が1万9360円です。30代の平均年収世帯なら毎月の保険料として、1万9360円くらいが目安になるのではないでしょうか。そうすると死亡保障額は1000万円になります。

あなたの家族は1000万円で、子どもが成人するまでの間、これまでと同じような生活を続けることができるのでしょうか。

不思議その5　貯蓄型保険では金持ちになれない

あなたの周りに貯蓄型保険で金持ちになった人はいるでしょうか。

金持ちになれない理由として、保険外務員が顧客に対して、「転換セールス」をすることがあげられます。「転換セールス」とは、現在契約をしている貯蓄型保険の解約払戻金（積立金）を下取りして、新しい貯蓄型保険に入り直すことです。

新しい貯蓄型保険に入り直すということは、その時点の年齢で新しい保険に契約することになるので、年を取った分だけ、毎月の保険料が現在契約している保険料よりも高くなりますが、それまで契約していた保険の解約払戻金を下取りすることで、毎月の保険料はほぼ、今までの保険料と同じというのが売り文句です。

貯蓄型保険に加入して、ある程度の年数が過ぎると、突然、保険外務員がプレゼントを持って現れ、「○○さん向けのとても良い新しい保険ができたので、ご紹介に来ました」などと言われた経験があるのではないでしょうか。その場合、大抵は「転換セールス」が目的です。プレゼントまで持ってこられて、「毎月の保険料が、ほぼ、今までと同じでもっと良い保険」と言われると「それならお願いします」という人も多いと思います。

まさにGNPセールスです。GNPセールスとは「義理（G）」「人情（N）」「プレゼント（P）」の3要素のことです。

「転換セールス」の多くは、それまでに貯まっていた解約払戻金を保険期間10年の掛け捨て型の保険の保険料に充当するものです。

たとえば、2000万円の保険金のうち、旧契約の解約払戻金で500万円分の保険金を買い取れたとすると、新たに支払うのは1500万円で済みます。しかし、掛け捨て保険ですから、10年後に生きていれば、充当した解約払戻金も新たに支払った10万円分の保険料も、すべて消えてしまいます。あなたが30歳で貯蓄型保険に加入して、40歳になって「転換」する。50歳になってまた「転換」する。60歳になってまた「転換」する。転換するたびにあなたの解約払戻金は減っていきます。

これが貯蓄型保険で金持ちになれない大きな理由です。

不思議その6　生命保険は税金対策や相続税対策になるというセールストーク

生命保険は「税金対策」や「相続税対策」に活用できるという話を、保険外務員に聞いた経験がある人は多いのではないでしょうか。確かに生命保険の保険料は「生命保険料控除」の対象であり「税金対策」になっています。「生命保険料控除」とは支払った保険料の一定割合の金額分を所得から控除でき、その結果、所得税や住民税が減額されるということです。

ただ、生命保険料（新規契約）の控除額は、所得税で最大6万円、住民税は最大2万8000円（2025年1月現在）という上限があることを考えると、さほどメリットがあるとは考えにくいのです。控除額ということだけを考えるのであれば、投資したお金の全額が所得控除の対象になる個人型確定拠出年金のiDeCoのほうが控除額は高いのです。

また、生命保険は「相続税対策」に活用できるというセールストークもありますが、法定相続人が受取人であれば一人につき500万円の非課税枠があり、相続税を生命保険の死亡保険金で支払うこともできます。生命保険は「相続税対策」として活用できるのは確かですが、それは相続税の支払いを免れないほどの資産がある場合に限って、活用する価値があると言えるのではないでしょうか。

不思議その7　保険外務員から保険を買った日がその人に会える最後の日

生命保険の保険外務員の離職率は非常に高くなっています。その理由として過酷な営業ノルマと歩合制の報酬体系が考えられます。人生においてマイホームの次に高い買い物であり、これから何十年と保険料の払い込みと貯蓄をしていく「貯蓄型保険」を販売した人が、あなたが連絡を取りたい時にはもういない可能性が高いのです。

これらの貯蓄型保険の七不思議を知れば、貯蓄型保険を見直すことに対する心理的抵抗が薄れてくるのではないでしょうか。

保険見直しは順番が重要

「解約」に際して注意しなければいけないのは、新たに「生命保険」に加入できるのは、あなたが健康であることが条件だということです。最近は持病があっても入れる保険も登場していますが、保険料が割高だったり、保障内容に制約があったりします。
従って、現在契約している貯蓄型保険を解約して、新たに定期保険に入り直す場合は、必ず新たに契約する定期保険に加入が認められてから、現在、加入している貯蓄型保険を解約するようにしてください。
なんらかの持病があり新たに加入できないが生命保険はこれからも必要な人や、先ほどの「サンクコスト効果」を克服できない人は、次の三つの方法で解決することもできます。

解決策①：貯蓄型保険を払済保険に変更する

保険期間を変えずに、解約払戻金を一時払保険料に充当することで、毎月の保険料の支払いがなくなります。ただし死亡時の保障額は減額されます。解約払戻金の額は変更後減りますが、その後少しずつ増えていきます。

メリット：毎月の保険料の支払いがなくなる。
デメリット：特約、配当金はなくなる。死亡保障額は減額される。

注意点：解約払戻金が少ないと払済保険に変更できない場合もある。

解決策②：貯蓄型保険を延長保険に変更する

今後の保険料の支払いがなくなることは払済保険と同様ですが、解約払戻金を定期保険の一時払保険料に充当するもので、死亡保障額は従来のまま変わりません。ただし、保険期間は短くなるのが一般的です。

メリット：毎月の保険料の支払いがなくなる。死亡保障は減額されずに続く。
デメリット：解約払戻金、特約、配当金はなくなる。保険期間が短くなる。
注意点：解約払戻金が少ないと延長保険に変更できない場合もある。

解決策③：貯蓄型保険を減額する

あなたが契約している「貯蓄型保険」の一部を解約して死亡保障額を減額することもできます。たとえば2000万円の死亡保障額を半分解約して1000万円の死亡保障額に減らすのです。その場合、解約払戻金の半分は戻ってきますが、1000万円の死亡保障に対する保険料はこれからも支払わなければいけません。

メリット：毎月の保険料が減る。死亡保障額を減らした分の解約払戻金が戻ってくる。
デメリット：死亡保障額が少なくなる。
注意点：保険の種類や契約内容によっては減額できない生命保険もある。

それぞれにメリットとデメリットがあります。三つの方策のうちどれがベストかを見きわめるために、それぞれのケースについて見積もりを出してもらうといいでしょう。

保険会社や担当の外務員に相談するのは気が引けるという方もいるかもしれません。

新たに保険に入るのならいいけれど、解約や保険会社にとってメリットがない変更は相談しにくい、という気持ちも分かります。相手のことを思いやる気持ちが強いのは日本人の美徳ですが、お金に関わる契約は話は別です。しかも相手はプロなのですから気にする必要はありません。

アメリカではこうした場合、"No one pays your bills."と言われます。直訳すると

「誰もあなたの請求書を支払ってくれない」ですが、この言葉が意味するのは「自分自身で自分の問題や責任を解決しない限り、他人にどう思われるかを心配しても、その人は将来、あなたを助けてくれない」という意味です。冷淡に聞こえるかもしれませんが、「お金」に関しては日本人も同じではないでしょうか。

年齢別・保険見直しの考え方

貯蓄型保険への対処法が分かったら、次は年齢別に「生命保険は定期保険（掛け捨て保険）にして、投資は別にする」考え方（Buy Term and Invest the Difference）を具体的に説明するので参考にしてください。

35歳以下：働き出してすぐに貯蓄型保険に入っていたとしても、契約している期間は10年前後で支払った保険料もそれほど多くはないので、解約に対する精神的抵抗も少ないはずです。健康面もまだ問題はないでしょうから新しい定期保険に入れるかどうかについて心配する必要もありません。いま加入している貯蓄型保険を解約して、保険料が安い定期保険に加入し、保険料の差額で資産運用をスタートしてください。

65歳で引退する場合引退までには30年以上あるので、時間という強力な武器を味方につけて資産をどんどん増やせるでしょう。もし解約払戻金が多少でもある場合は、全額を運用資金に加えると複利効果も大きくなります。

新しく加入する定期保険の死亡保障額は、あなたが亡くなったとしても、残された家族が今までと同じ生活レベルを維持するための原資に相当する金額を目安にするといいでしょう。具体的には、あなたが30代で平均的な年収を得ている場合、インフレなどを考慮すると、30年一定型（30年間保険料が変わらない）定期保険の死亡保障額は少なくとも3000万～5000万円に設定するべきでしょう。

この死亡保障額を原資に投資で増やしていけば、残された家族は安心して今までと同じ生活を続けることができるでしょう。

36～49歳以下：ここが一番悩む年代です。

結婚されていて、子どもが成人するまで10年以上ある場合、死亡保障額は絶対に確保しておく必要があります。一方で貯蓄型保険を解約した時に戻ってくる解約払戻金はそれほど多くないでしょう。このため、今までせっかく貯蓄型保険を続けてきたのに、いま解約するのはもったいないという心理が強く働きやすいのです。どうすればいいかを決定するにあたり、先に紹介した契約内容の変更などを含め、正確な見積もりを取った上で最適な方法を選択してください。

もし自分では判断できない時は「生命保険は定期保険（掛け捨て保険）にして、投資は別にする」方法をＩＦＡやファイナンシャルプランナーなどの専門家に相談するのも一つの選択です。

36歳以上から49歳以下という年代は、仕事や子育てが最も忙しい時期です。しかも、教育資金や住宅ローン、引退資金の用意など人生で一番お金がかかる時でもあり、いくらあっても足りない状況でしょう。そんな時に、お金に関する決断を迫られるのは大きなストレスになることも想像できます。しかし、決断を先送りしてしまっては、後悔するだけです。今ならまだ時間を味方にして、少額投資から資産を築くことができるからです。逆に言えば、ここで最適な選択をすることで、あなたの人生を経済的に大きく変えるチャンスがあるのです。あなたが「貯蓄型保険」をお持ちであれば、この機会にお金を適正な場所に置き換えて、『サイレントリッチ』な人生を手に入れてください。

50〜65歳以下：すでに子どもが成人している、住宅ローンが終わっている、ある程度の資産を確保しているのであれば、思い切って生命保険を卒業してもいいでしょう。子どもが成人前の場合は、いま入っている貯蓄型保険を解約して、必要な期間だけ新たに定期保険を購入することも一つの方法です。年齢が上がってくると保険料も高くなりますが、保険料が割安になるネット保険などで見積もりを取ってみるのもいいと思います。

この年齢になると、『サイレントリッチ』の特徴の一つである長期投資にはもう手遅れだと思うかもしれませんが、そんなことはまったくありません。人生100年時代と考えれば60歳でも残り期間はまだ40年あります。時間を味方につけた投資をすることは充分可能です。

引退する時に老後資金が全額そろっていないといけないわけでもないですし、引退する時に全額を一挙に使うわけでもありません。引退生活をしながら「投資」を続けることで、お金は増やしていけるのです。

さらに50代以上の人には40代以下の人が持っていない大きな武器があります。貯蓄型保険の解約払戻金がかなり増えていたり、会社の財形貯蓄や銀行等の預貯金がそれなりの金額になっているなど、自由になるお金ができているのではないでしょうか。

また、50歳以上の人は貯蓄型保険に加入している可能性が高いですし、20代前半で就職と同時に加入していれば25年以上、保険に加入していることになります。

毎月2万~3万円は保険料を払いつづけてきた人も多いでしょう。中には毎月5万円以上の保険料を払っている人もいるかもしれません。恐らく解約払戻金がかなり積み上がっているでしょう。これを「投資」に使えば、原資が大きい分、同じ利回りでも大きく増やすことが可能です。

今の年齢が50歳で、今まで毎月3万円の保険料を払って貯蓄型保険に入っていて、解約払戻金が500万円あったとしましょう。ここで解約すれば毎月3万円の保険料の支払いがなくなるので、その500万円を投資に振り向けるのに加えて毎月3万円の積立投資をするのです。6%の利回りで運用した場合、65歳になる15年後には2086万4901円になっています。70歳まで働いて3万円の投資を続ければ20年後の資産総額は3007万3059円です。同じ条件で毎月5万円に増額した場合は65歳になる15年後には2678万6308円、70歳になる20年後には3943万1313円にまで増えています。

3900万円では余裕のある第二の人生は難しいと感じるかもしれませんが、引退したら投資を終了しなければいけない決まりもありません。投資は死ぬまで続けられるものなのです。

『サイレントリッチ』なお金の使い方を第5章で説明しますが、お金を使いながら増やしていく方法もあるので、そちらもぜひ参考にしてください。

医療保険も見直しの対象

ここまで投資資金を捻出する方法として、貯蓄型保険の見直しについてお伝えしてきました。運用資金を捻出するために私が推奨しているのは、この貯蓄型生命保険の見直しを行う方法だけです。これだけで多くの人が充分な運用資金を確保できているということもありますが、それ以外に見直せる支出先が多くないからです。

ただ、日本にはアメリカにはない、見直し先があります。

一つ目は医療保険です。日本には世界的に見ても充実した社会保障制度があるにもかかわらず、なぜか民間の医療保険に加入している人が多いようです。個別の医療保険に入っていなくても、加入している生命保険に医療特約をつけ、入院や手術をすると保険金が下りる契約になっている方が多いようです。

なぜそんなに医療保険に入るのでしょうか。

安心はお金を払わないと手に入らないと考えているのかもしれません。逆にお金さえ払っていれば、なんとなく安心が確保できたと感じるのかもしれません。

この先に起こり得る様々な事態を想定して準備をすることは、悪いことではありません。

事前にシミュレーションするだけならいいのですが、経済的な支出を伴う場合は話が違ってきます。そこには必ず費用対効果という観点が求められるのですが、現状を見る限り、それを満たしているとは到底思えません。

ほとんど起こる可能性がないことに対し、日常の生活に影響を及ぼす支出をしているとすれば考えものです。医療保険に入りすぎるのは、まさにその典型と言えます。万一のために保険で「安心」を買うこと自体は間違いではありませんが、医療保険によって恩恵を得られる可能性は決して高くないことを知っていただきたいのです。

民間の医療保険が必ずしも必要ではないと私が考える最大の理由は、日本には世界に誇れる社会保障制度である「国民皆保険制度」があるからです。

厚生労働省のホームページには、日本の国民皆保険制度の特徴としてこう書かれています。

・国民全員を公的医療保険で保障
・医療機関を自由に選べる（フリーアクセス）
・安い医療費で高度な医療
・社会保険方式を基本としつつ、皆保険を維持するため、公費を投入

日本に住んでいると当たり前のことと感じるかもしれませんが、アメリカの医療保険制度を知っている私からすれば、羨ましい限りの内容です。

アメリカには「国民皆保険制度」がありません。医療保険が欲しい人は、民間の保険会社で販売する医療保険に加入して、毎月保険料を支払わないといけません。保険料はカバーされる保障の内容や各保険会社のレート、そしてなんと言っても個人のメディカルヒストリー（病歴）によって変わってきます。病歴があればあるほど、保険料は高くなり、場合によっては医療保険に入れないこともあります。共通して言えるのは医療保険の保険料や治療費が異常に高いということです。

数年前、友人のリサが車同士の交通事故に巻き込まれたことがありました。救急車で病院に運ばれ、意識がない状態で手術を受け、集中治療室で2ヵ月の治療を受けま

した。容体が回復し、元の生活に戻れたのは幸いでしたが、喜んでいられたのはそこまででした。退院してから3ヵ月後、病院から届いた請求書に書かれていた金額は300万ドルでした。当時の為替レートは1ドルが100円ぐらいでしたから、日本円に換算して3億円です。リサはただただ驚くばかりでした。

リサは民間の医療保険に入っていて、その保険で治療費の80％までをカバーされるのですが、残りの20％にあたる60万ドル（6000万円／当時のレート1ドル＝100円換算）は自己負担になります。リサは自営業で、自宅も賃貸のアパート住まいでめぼしい資産はありません。保険会社との交渉の末、リサは60万ドルの支払いを免除されました。本当にラッキーでした。

このように、日本とは桁違いの医療費がかかるのがアメリカなのです。

救急車も日本のように無料（原則）ではありません。全米平均の救急車の使用料はおよそ1000ドル（約15万円／1ドル＝150円換算）です。救急車の中で受けた応急処置の内容によってはそれ以上になることも珍しくありません。このため「死ぬか生きるか」という時以外は、救急車を気軽には呼べないのが実態なのです。

加えて薬代もとんでもなく高額です。薬代を払うレジの前で並んでいると「この薬は買うけど、この薬は高いので買わない」という会話がよく耳に入ってきます。ドクターのアドバイス通りにすべての薬を購入すると薬代があまりに高額になるため、必要性が低い薬を除いてほしいと交渉しているのです。

アメリカで予防医学が進んでいるのは、このように治療費や薬代のすべてがあまりにも高いため、簡単には病気になれないという事情があるからなのです。

ジムやフィットネスクラブも人気が高くそれなりの月会費が必要ですが、医療機関にかかる費用よりも安いですし、何より病気にならないように備えるという考えが定着しているのが、アメリカの現状です。

治療にかかる費用もさることながら、医療保険の保険料の高さも日本の比ではありません。働いている会社が医療保険を提供している場合の個人の自己負担分の平均保険料（2024年度）は、独身者で年間1601ドル（24万150円／1ドル＝150円換算）、既婚者で年間6576ドル（98万6400円／同）です。

出所：KFF Employer Health Benefits Survey 2024

話を日本の医療保険に戻しましょう。

日本では、病気の発生率や事故率や死亡率など過去の統計データを基に、保険数理士（アクチュアリー）と呼ばれる専門家が保険料を算定します。これは医療保険に限らず、生命保険や損害保険も共通です。保険会社から言えば、ビジネスとして成り立つ保険料と言い換えてもいいでしょう。医療保険にみなさんはどのくらい保険料を払っているのでしょうか。

入院や手術をした時に治療費が出る民間の医療保険に入り、月の保険料は1300円、年間の保険料は1万5600円と仮定します（公益財団法人生命保険文化センター「2022年度　生活保障に関する調査」の男女の年代別保険料平均値から判断しました）。この医療保険に20年間加入していた場合、支払保険料の総額は31万2000円です。

ここで質問です。あなたはこれまでの人生で何回入院したことがありますか。

「一度も入院したことがない」という方もいるかもしれません。

それでは仮に20年の間に1回入院して、保険会社から入院給付金をいくら受け取れるでしょうか。

厚生労働省の「令和2年　患者調査」によると、退院患者の平均在院日数は32・3日です。

出所：入院した場合、入院日数は何日くらい？　リスクに備えるための生活設計―ひと目でわかる生活設計情報―公益財団法人生命保険文化センター　(jili.or.jp)

保険の契約で給付金の日額をいくらに設定するかによって異なりますが、1万円で設定しても保険会社からもらえる入院給付金は32万円です。

先ほどの例であなたが医療保険に20年間で支払った保険料は31万2000円でした。だとすると、20年の間に32日入院して32万円の給付金を受け取れたとしても、ほとんどはあなたが支払った保険料が戻ってきたのと同じなのです。反対に入院が平均を下回り32日未満だった場合は、保険会社からあなたに支払われた保険金よりあなたが保険会社に支払った保険料のほうが多くなります。

もちろん、病気になる可能性も入院する可能性も分かりません。先の統計でも統合失調症等で入院した人の平均日数は570日です。保険に加入した直後にこうした長期の入院をすれば、それこそ得をしたと言えるでしょう。しかし、その確率はどれだけあるでしょうか。

ないとは言い切れませんが、きわめて低い確率と言えるのではないでしょうか。しかも、一度の入院で保険金が支払われる日数には上限があることがほとんどです。

だとすれば、毎月1300円の保険料を払うよりも、それを蓄えて、入院費用や手術費用が必要な時に使うほうが賢明ではないでしょうか。運良く生涯、一度も入院や手術をすることがなければ、そんな幸せなことはないですし、そのお金も他のことに使えます。

そもそも、民間の医療保険の給付金がなければ入院できないという人はいるのでしょうか。

繰り返しますが、日本には世界中から羨ましがられる「国民皆保険制度」があってかかった医療費のうち、個人が負担しなければいけないのは原則3割までです。しかも医療費の自己負担額には上限があり、医療機関や薬局の窓口で支払う医療費が1ヵ月（1日から末日まで）で上限額を超えた場合、その超えた額が「高額療養費制度」によって戻ってきます。自己負担額の上限は、年齢や所得によって異なりますが、年収約370万円から約770万円の人なら8万100円＋（総医療費－26万7000円）×1％です。自己負担の月額はほとんどが8万円強に収まりますから、入院が3ヵ月続いたとしても合計25万円程度でしょうか。多くの人が自己資金で対応できる金額ではないでしょうか。それはつまり、民間の医療保険にどうしても入らなければ困るわけではないということなのです。

※出所：高額な医療費を支払ったとき——こんな時に健保——全国健康保険協会（kyoukaikenpo.or.jp）

高額療養費の上限の引き上げが決まりましたが、まったくなくなるわけではありません。これだけ充実した公的医療制度が整っている日本のみなさんが、毎月高い保険料を払って民間の医療保険に入る必要などないのではないでしょうか。

もしあなたが民間の医療保険に毎月保険料を支払っているのなら、内容を見直したり、思い切って医療保険は解約して、その保険料を人間ドックや将来の医療費、介護費にあてるための運用資金に回してもいいのではないでしょうか。

教育資金に保険が必要か

日本にはアメリカにはない、見直し先がもう一つあります。

それは、お子さんの教育資金です。

教育資金を準備するための方法として、日本では「学資保険」を活用している人が多いと思います。

「学資保険」とは、子どもの学資のための貯蓄機能と、契約者である親が契約期間中(多くは契約時から18歳まで)に亡くなった場合、その後の保険料が免除される商品です。

「学資保険」という名前はついているものの、一般的な生命保険の貯蓄型保険と仕組みは同じです。学資保険は、子どもの教育資金を準備するための保険で、契約期間中に一定の保険料を積み立て、満期時や特定の年齢でまとまったお金を受け取れる仕組みです。貯蓄型保険のように貯蓄機能がありますが、学資保険は教育資金を主な目的としているという違いがあります。

親はほとんどの場合、死亡保障目的の生命保険に加入していますから、教育資金を準備する目的で活用していると思われます。

であれば、なぜ教育資金を貯めるために「学資保険」を選ぶのでしょうか。

それは保険会社が認可事業で、保険しか販売することができないことになっているからです。教育資金を作ることが目的の金融商品だったとしても、保険機能を付けないと売ることができないのです。保険会社の事情はともかく、顧客にとってメリットがある仕組みであれば何の問題もありません。しかし、現実はそうとは言えません。

「学資保険」は貯蓄型保険と基本的な仕組みは同じで、18歳の満期になるまでは満期保険金は常に元本割れしています。払い込んだ保険料から常に元本割れしている分の差額が、保険会社の運用費や管理費であり、保険外務員の報酬であり、保険会社の利益なのです。つまり、本来必要ではない保険機能を持っているためにコストがかかり、その分だけ貯蓄に回る部分が減額されているのです。

それであれば、最初から「学資保険」など選ばずに、教育資金は「投資」をして自分で運用するほうが、理にかなっているのではないでしょうか。

ここでひとつアドバイスがあります。教育資金は、大学や専門学校などの高等教育の授業料や入学金として親が子どものために準備するものです。だとすれば、教育資金を準備する前提として次のことを考えておくといいでしょう。

・私立なのか、国立なのか、海外なのか。
・4年制なのか、2年制なのか。
・一般学部なのか、医学部なのか。
・その大学や専門学校の入学金や授業料はいくらなのか。
・自宅から通うのか、学生寮に住むのか、賃貸アパートを借りるのか。
・生活費はいくら掛かるのか、アルバイトはするのか。

これらの要素を想定した上で必要な金額を算出し、その金額を目標に準備を開始するべきでしょう。さらにその目標金額は、将来、あなたの子どもが大学や専門学校に行く時のインフレ率を考慮した金額でなければいけません。

実際、アメリカのＩＦＡやファイナンシャルプランナーが、クライアントから教育資金の相談を受けた時は、必ずインフレ率を想定して計算します。そのため教育資金ソフトには、全米の大学の授業料や大学の寮や平均的な教科書などの費用がインプットされていて、子どもの誕生日と大学名を入力すればインフレ率を考慮して、必要な金額が表示されるようになっているのです。その結果を基に子どもが大学に入学するまでの年数や、想定する運用利回り、毎月いくら投資すればいいのか、最適な金融商品（多くは投資信託）は何かをアドバイスするのです。

知り合いのサマンサは2007年、当時8歳の孫であるロバートのために毎月300ドルの自動積立を始めました。この投資信託は1948年から存在するファンドで、2024年12月までの76年間の平均利回りが9・74％と、アメリカでは平均的な利回りの商品です。

先日、ロバートが大学院に進学するので口座名を彼の名義に変更するために、サマンサが残高を調べたところ、22歳までの14年間でサマンサが積み立てた総額は5万400ドルでした。これが直近の評価額は14万7000ドル（約2200万円／1ドル＝150円換算）になっていたのです。積立を始めたのが2007年なので、2008年のリーマンショックや2020年のコロナショックで株式市場が大きくクラッシュした期間も含まれていますが、それでも投資元本が約3倍になった計算です。このお金でロバートは大学院の授業料を払い、安心して勉強に専念できます。

これこそが、長期積立投資の魅力であり、教育資金の理想的な作り方と言えるでしょう。

アメリカで投資の仕事をしていると、10万ドルや15万ドルのまとまったお金を持っている20代の若者と出会うことがありますが、必ずしもお金持ちの家の子どもばかりではなく、ほとんどが中流家庭出身です。まさに『サイレントリッチ』家の子どもなのです。

大抵は親が毎月50～500ドルほどを自動積立投資で増やし、18歳の義務教育（アメリカは高校までが義務教育）が終わった時に投資資金の存在を子どもに知らせます。口座を子どもの名義に変更して、そこからは子どもが管理をしていくことになります。ほとんどはその資金を大学の学費に使うのですが、中にはそのお金で起業して自分のビジネスをしたり、家の頭金にしたりする人もいます。

もちろんその口座で子ども自身が投資を続けることも可能です。

ある程度、若い年齢でまとまったお金を手にできれば、より真剣に自分の人生について考えるようになります。そのような若者は自分が何をやりたいかをよく考え、それを実現するための具体的な計画も持つようになります。なにしろその計画を実行するために使える資金を彼らはすでに手にしているからです。子どもの自立心を養うために、日本でもこうした資金の使い方を取り入れていいのではないでしょうか。

そういう意味でも、新ＮＩＳＡからジュニアＮＩＳＡがなくなったことは残念でなりません。

「教育資金」を考える時の最大の難関は、あなたの子どもが将来何をしたいのかが、子どもがある程度大きくならないと具体的には分からないことです。子どもが生まれた時や小さい時は、こうなってほしいという親の希望や願いだけで、必要な教育資金の金額を算出しないといけないわけです。先ほどアメリカでは子どもが将来入る大学を決めて必要な金額を割り出すと言いましたが、それも具体的な計画を持つことで投資に対するモチベーションを維持するのが目的の一つと言えます。

子どもが18歳になった時にどんな決断をしたとしても、その決断を経済的にサポートできるようにするために最適な方法で、資金を作ることを考えていくべきです。あなたが今、「学資保険」で教育資金を貯めていて、子どもが18歳になるまでにまだ10年以上あるのなら、学資保険の毎月の保険料や解約払戻金を、積立投資に配置換えすることをお勧めします。

第5章

『サイレントリッチ』なお金の使い方

引退は第二の人生のスタート

日本で「引退」という言葉を使う場合「老いていく」というイメージが強く、お金や病気や介護の心配や、社会と関わりがなくなることなど、どちらかというとネガティブなイメージが強いのではないでしょうか。

日本人のK氏からもらった名刺がまさにそれを象徴していました。表には町内会長としてK氏の苗字と名前が書いてあるのですが、裏には元〇〇会社・取締役、元〇〇会社・会長、元〇〇会社・相談役などぎっしり会社名と役職が書かれていて、まるで履歴書のようでした。それを見た時、K氏は社会と関わりがなくなるのが怖いのだろうと思いました。これでは到底、「第二の人生」を楽しむことはできません。

引退生活の始まりは「第二の人生」の始まりです。ぜひ、ポジティブに人生の黄金時代を過ごしてほしいと思います。

そのためには、「第二の人生」に備えて充分な資金を用意していることが前提になります。経済的な裏付けと言えばいいでしょうか。

すなわちそれは『サイレントリッチ』になっているということです。『サイレントリッチ』として人生を終わるためには、現役時代に運用で資産を増やすことも重要ですが、引退してからのお金の使い方も同じぐらい重要です。せっかく現役時代に資産運用を続け、目標としていたお金が準備できたとしても、お金を貯め込んだままで使わなければ「第二の人生」を楽しんでいるとは言えません。

実際、日本では、資産を貯め込んで使わない人が多いとも聞きます。お金が使えない理由としては、子どもや孫に資産を残してあげたいということが最も多いようです。気持ちは理解できますが、貯め込んだ資産を子どもや孫が短期間で散財してしまうケースを私は何度も目撃してきました。これはとても残念なことです。

アメリカ人は、投資して目標額に増えた資産を、自分の引退計画に基づいて使うことを目指します。子どもや孫に自分の資産を残すために、爪に火を灯すような生活をすることはまずありません。

お金を貯め込んで使わない人がいる一方で、お金の使い方が正しくなければ、途中で資産が尽きてしまうこともあり得ます。いわゆる「老後破綻」です。

そうならないためには何が必要でしょうか。前提として、老後に必要な金額をできるだけ正確に割り出しておくことが重要です。しかし、それは言葉で言うほど簡単ではありません。よく、老後に必要な金額はいくらかという内容の記事をメディアで見ますが、それ自体は目安に過ぎません。どんな生活をしたいのか、健康でいられるのか、何歳で死ぬのか、一人一人違うからです。特に厄介なのが、あなたの健康寿命がいつまで続くのか、あなたがいつ死ぬかは誰にも分からないということです。

65歳で引退生活に入り100歳で死ぬとすると、公的年金とあなたが用意した引退資金で35年生活しなければいけません。70歳まで働いてから引退生活に入っても30年です。

引退後も予期せぬ出費が必要なケースが昔に比べて増えているように感じます。人生には「三つの坂」があるという言葉を聞いたことがあるかもしれません。「上り坂」と「下り坂」、そして「まさか」の坂、予想外の出来事やハプニングです。

予想外の出来事にも良いものと悪いものがあり、良いほうの「まさか」であれば歓迎ですが、悪い意味の「まさか」だと大変です。それも「第二の人生」が始まってから悪いほうのまさかに襲われると、それまで立てていた計画に大きな変更を余儀なくされることもあり得ます。病気や事故がその代表例ですが、近年は地震や異常気象などの自然災害によって、引退後に住む家をなくす人も増えてきました。さらに詐欺に遭う確率も高まっています。こうした事態にいったん遭遇してしまうとかなりの金額が消えてしまう危険性が高いのが厄介です。

一方で、収入はどうでしょうか。

時々「自分は死ぬまで働きたい」という人に会います。働くことは社会と関わることなので、私も大賛成です。特に社会貢献や規則正しい生活を維持するために働くのは、健康のためにもとても良いことです。しかし、年を取って生活費のために働くのは楽ではありません。そもそも働く場所があればいいのですが、高齢になればなるほど、働く場所は限られてきます。自営業でもない限り、一生働くということは現実的には難しいと考えるべきです。

「第二の人生」が何年続くかは誰にも分からないですし、入ってくる金額も不透明です。人生の黄金時代である「第二の人生」で、お金の心配をせずに『サイレントリッチ』として過ごしたいのであれば、あなたが準備した引退資金の延命が大切であり、そのために私が提案したいのは、引退後はお金を使いながら増やすという発想です。

そこで、本章では引退後のお金の使い方とともに、増やし方について説明していきたいと思います。

お金の使い方――引退後編

なぜ現役編からではなく、引退後編から話を始めるのか、不思議に思った方もいるかもしれません。それは、引退後の生活がイメージできれば、より投資に対する意欲も高まるからです。

もちろん、引退が目の前で『サイレントリッチ』を目指す方にもとても重要な話です。

まず考えてほしいのは、あなたが「第二の人生」で何がしたいかです。

これからは「毎日が日曜日」です。ぶらりと遠出するにせよ、旅行に行くにせよ、デパートに買い物に行くのも、週末やお盆や年末年始などわざわざ混んでいる時に行く必要はありません。

もちろん、毎日旅行に行くことはないでしょうが、どのように毎日を過ごしたいかを考えることはとても重要です。

ところが、「趣味も好きなこともないので何をしたらいいのか分からない」という人も少なくありません。あるいは「今からお金を使ったら引退資金がすぐに底をつくから、あまりお金がかかることはしないつもりだ」という人もいます。無駄遣いをしないのは良いことですが、せっかく作った資産を使わないのでは意味がありません。目的を持って、計画的に、しかも有意義に使うことを考えるべきです。

そのためにも、自分がどんな生活をしたいかを明確にすることが必要なのです。

事前に計画を立てることのメリットは、「第二の人生」がスタートしたと同時に計画が実行に移せることです。もちろん、すべての人が90歳や100歳以上まで生きられるわけではありません。私の知り合いの中にも数人ですが、引退後すぐに亡くなった方もいます。ある方は引退して1週間後に倒れ、病院に運ばれて亡くなりました。サラリーマン時代を経て、自分で独立して30年頑張り、ビジネスを成功させて、楽しみにしていた「第二の人生」を謳歌しようという矢先の出来事でした。

人の一生というのはいつ終わりを迎えるかは誰にも分からないのです。

だからと言って無駄遣いをして散財したほうがいいというわけではありません。「第二の人生」ではある程度お金を使って楽しまないと、いつそれが終了するか分からないと言いたいのです。現役時代に一所懸命に働き、投資して増やした資産を使うことなく終わるのは非常に悔やまれるでしょう。

引退生活を長く続けるにあたって、極端に引退資金を使い過ぎる、あるいは極端に引退資金を使わないのが良くないことは、はっきりしています。使う時は使い、倹約する時は倹約するというように臨機応変に対応するのが重要なのです。

もう一つ知ってほしいことがあります。寿命が延びたといっても、死ぬ直前まで楽しくお金が使えるわけではないということです。90歳を超えて長生きした人々が口を揃えて言うのは「80歳」という年齢で色々なことが変わるということです。特に85歳以降になると急激に変化を感じる人が多くなるのです。

自動車や列車や飛行機を使っての長時間の遠出や海外旅行は、体に負担がかかり難しいという方が多いようです。食も細くなり、若い時のようにお腹いっぱい食べることができなくなります。趣味があったとしても、それほど頻繁に楽しむことができなくなったという人が多いのです。

70代まで蓄財をして80代から使おうと考えていたのに、体力や気力が低下し、考えていたよりお金を使わなかったという話も聞きます。

お金があっても、体力や気力を伴ってやりたいことが思う存分できる時間は限られています。現役時代のようなお金の使い方ができるのは70代までとも言えるでしょう。

「第二の人生」で何がしたいかを現役時代から考えるもう一つのメリットは、やりたいことに対する知識や能力を磨くことができるということです。

私の友だちのサムは、プラモデル作りが趣味で、現役時代から仕事と子育ての合間に少しずつですが続けていました。引退後はこれから毎日朝から晩までプラモデルを作ると私に断言して、プラモデルが完成するたびに写真を送ってきます。

スミス夫妻の趣味は釣りとキャンプです。若い頃は、休みになると子どもたちを連れてキャンピングカーで寝泊まりしながら釣り旅行に出かけていました。引退後は豪華なキャンピングカーを購入して、アメリカ全土をゆっくりと数年かけて旅するのが夢で、西海岸のカリフォルニア州から始まり最後は東海岸のフロリダ州で終わる計画だそうです。その後はキャンピングカーをフロリダで売却して、飛行機でカリフォルニア州に戻り、1年ぐらいはゆっくりして、次は世界旅行を始めるという壮大な計画を立てています。

話を聞いて計画がとても具体的なので驚いたのですが、聞けばこの計画は、現役時代から何年もかけて二人で練ってきたものなのだそうです。そんな二人から「ついに計画を実行できる日が来た」と興奮気味に電話が来た時は、私もとても嬉しかったです。

このように現役の時からやりたいことを考えておくと、「第二の人生」が始まったその日から実行できるのです。

夫婦の場合は、現役の時にパートナーと「第二の人生」について時々話すことをお勧めします。引退した途端に離婚届と財産分与の話が出るという話もよく聞きますが、これはとても残念なことですし、経済的な面でも合理的とは言えません。

離婚の話が出たついでに、アメリカの「卒婚」の話をしましょう。「卒婚」は文字通り、結婚を卒業することです。具体的には、離婚はしないが別居しながら結婚という契約は続けるという生活スタイルです。別居といっても日本でよくあるような家庭内別居ではありません。物理的に住居が二つあるのです。当然、家賃、光熱費、雑費が二人分必要になるので、生活コストは一気に上昇します。

それでもこのスタイルを選ぶ人が増えているのはなぜでしょうか。

そもそも「卒婚」をする夫婦は、離婚するほど仲が悪いわけではありません。何十年という月日を一緒に過ごして子育ても終わった夫婦にとって、共通の趣味もなく一日中一緒にいるのが辛いということから、夫婦が別々に生活する「卒婚」という選択をするのです。しかし家族の集まりや孫の誕生日など家族の特別な日には夫婦揃って参加しますし、法的に離婚しているわけではないので社会的な影響もありません。財産でもめる必要もありませんし、別居してはじめてお互いのありがたさも分かり、逆に友好的な関係になる夫婦もいると聞きます。別居して一人になったからこそ「第二の人生」についてじっくり向き合い、色々なことを考えられるのでしょう。「卒婚」ができるのは経済的に余裕があることが前提ですが、一つの老後の暮らし方として、検討する価値はあるかもしれません。

まずは現状を把握しよう

ここから、引退後のお金の使い方について話を進めていきましょう。

どのような「第二の人生」を送るにしても、あなたが引退前に準備した資金からお金を引き出すことになるのは確かです。老後破綻を避けるためにも、蓄えた資産をいかに長持ちさせるかが問題ですが、だからといって節約の仕方を紹介するつもりはありません。

資産を減らさないためには、使う金額を減らす以外にも様々な方法があります。

まず、お金を使う前に確認しないといけない項目があります。

・毎月いくらの生活費が必要か……絶対経費
家賃または住宅ローン、光熱費、各種保険代、食費、医療費、通信費、税金、その他

・どのレベルの生活水準で生活をしたいか……経費（金額を1ヵ月分に換算する）
週に一度（月、半月に一度）は外食するためのお金
月に一度（年、半年に一度）は旅行に行くためのお金
その他あなたがお金を使いたいこと（趣味、習い事、交際費など）にかかるお金

・公的年金や個人年金など毎月確実に入る収入はいくらか……絶対収入

これらを基にあなたが用意しないといけない毎月の金額を割り出してください。計算式は、

絶対収入－（絶対経費＋経費）＝あなたが用意しないといけない金額

となります。これが、あなたの引退資金から毎月引き出される金額となります。

ここまではある程度明確に計算できますが、厄介なのはこの金額をいつまで持続さ

せないといけないかです。

たとえばあなたが65歳で引退して100歳で死ぬなら、35年あります。65歳になった時に引退資金を4200万円準備していたとしましょう。35年間、生きるわけですから4200万円÷420ヵ月（35年×12ヵ月）で、1ヵ月に使えるお金は10万円になります。この数字は健康を維持して100歳で亡くなることが前提なので、将来のことは誰も予測できないのが難点です。しかし、先述したように80歳以降はそれ以前ほどお金を使わなくなることを考慮すれば、さらに余裕のある支出をしても老後破綻する危険はないとも言えます。

では、必要な金額を65歳の引退時までに準備できなかったらどうすればいいのでしょうか。マネー雑誌などでは支出を見直して切り詰められるものをさらに切り詰める、といったことが書かれているようです。しかし、よく考えてみてください。

65歳時点で準備した引退資金は、65歳になった時に一度にすべて使うわけではありません。

だとすれば、すぐに使わないお金を引退後も投資運用すればいいのではないでしょうか。つまり、お金を使うといっても、消費するだけではなく、引退後も投資を続けることも立派な「使い道」ということなのです。

もちろん、大切な引退資金です。投資に使うといっても、現役時代にやってきたようなリスクのある運用先ばかりではいけません。また、運用に向ける資金も、すぐに使わないお金をすべて投資しなさいと言うつもりもありません。引退資金として準備した総額の一部を可能な限り安全性の高い投資先で運用することは厳守しなければいけません。

配当金の活用で減らさず使う

引退後の資金運用先として着目してほしいのが「配当金」の活用です。

株式投資でリターンを得る方法は大きく二つあります。売却益（キャピタルゲイン）と配当金（インカムゲイン）です。

売却益とは株式を売却して得る利益、買った時より高い値段で売れた場合の利益です。この売却益は短期間で大きな利益を得られるチャンスがある反面、株価が値下がりすると、投資した総額よりも現在価値が下回ることもあります。

一方の配当金は、株式を保有していることで得られる配当金収入で、企業の業績などによる増減はあるものの、株価ほどの大きな変動はありません。また、配当金を引き出して生活費の足しにすることもできますし、もらった配当金を再投資することで「ダブル複利」（元本の複利＋配当の複利）の効果で資産を増やしていくこともできます。

こうしたメリットのある配当ですが、日本ではあまりメジャーな存在ではないようです。理由の一つは、日本特有の制度として「株主優待」があるからかもしれません。

「株主優待」は、株主に対して商品やサービスの割引券などを提供するものです。アメリカでは日本の「株主優待」に当たるものはほとんどなく、配当金によって株主に利益を還元するのが主流です。日本の上場企業の多くは年に1回か2回の配当金を出すのが主流なのに対し、アメリカでは年に4回の配当金が出るのが一般的です。そのため特に引退している個人投資家は、売却益と同じくらいに配当金に注目して投資する銘柄を選んでいます。

引退する年齢になると、株価が上下する株式投資などリスクのある投資はやめて、銀行預金などリスクのないところにすべて置くべきだという意見がありますが、それはお勧めできません。銀行預金は現状、ほとんど利息が付きませんから、引き出していくと残高がどんどん減っていきます。それに対し、配当金が多く出る株は配当利回りが預金金利の10倍以上もあるのが普通です。また、こうした高配当の銘柄を集めたETFや投資信託もあるので、これらに投資して受け取った配当金（投資信託の場合は分配金と言う）だけを引き出して生活費として使っていれば、保有する株数（投資信託の場合は口数）は減りません。株価は日々上がったり下がったりするので評価額は変動しますが、株数が変わらなければ、配当金は（多少増減はあっても）今まで通り受け取ることができるのです。

配当金は株数に対して計算されるので、仮に株価が購入時を下回ったとしてもあくまでも含み損で、企業の業績によって配当金が大幅に減らない限り配当金を生活費として使う目的にはあまり影響が出ないと言えます。

では具体的に何に投資すればいいのでしょうか。現役時代の投資先としてアメリカ株がお勧めと言いましたが、配当に注目した投資でもアメリカ株をお勧めしたいと思います。理由は単純で、アメリカの上場企業には配当を多く出す企業がたくさんあるからです。中でも引退後に安心して投資する先としてお勧めなのが、「配当貴族」(Dividend Aristocrats）銘柄です。

「配当貴族」とはアメリカの代表的企業を集めた指数であるS&P500構成銘柄の

中で、最低25年以上連続して配当を増やしつづけている企業を言います。収益と配当を増やしてきた実績を持っている優良企業と言えばいいでしょうか。

ちなみに「配当貴族指数」という、配当貴族銘柄から厳選された銘柄を集めた指数もあり、この指数に選ばれるには、次の条件をクリアしなければいけません。

・S&P500指数の銘柄である。
・25年以上連続で毎年増配している。
・時価総額が最低30億ドル（4500億円／1ドル＝150円換算）以上ある。
・一日あたりの平均売買代金が5000万ドル（750億円／同）以上である。

この条件をクリアしているということは、株式市場が良い時も悪い時も配当を増やしつづけられるくらい業績や財務基盤が安定している堅実な大企業だと言って間違いないでしょう。

2025年1月現在、66銘柄で構成されています。S&P500社の中で66社ですから、約13%のかなり狭き門と言えるでしょう。しかも、これは常に一定というわけではありません。新たに25年以上連続で配当を増やした企業が現れれば、翌年の1月に「配当貴族指数」に追加され、一度でも配当を増やすことができなければ、指数から除外されるのです。

また、「配当貴族」の中でも50年以上連続増配の銘柄を「配当王」(Dividend Kings)と呼ぶこともあり、こちらは2025年1月時点で54銘柄があります。

では、日本はどうでしょうか。日本の上場企業で25年以上連続増配している企業は「花王」と「SPK」と「三菱HCキャピタル」の3社しかなく(2025年1月現在)、50年以上連続増配の企業はありません。これを見ただけでも、アメリカの企業が、株主への直接的な金銭的利益を提供することを重視していることが分かりますし、配当目当ての投資でもアメリカ株をお勧めする理由がお分かりいただけるのではないでしょうか。

日本の企業が株主に提供する商品やサービス、割引券などの株主優待も、収入源としては決して魅力的とは言えないでしょう。

なぜ、アメリカの企業は配当を重視するのでしょうか。株主に安定した収入源を提供することで、株主に報いる意味もありますが、同時に企業の利益が安定しており、財務状況が良好であることを示すために行っているのです。株主の側も長期で投資できる企業を判断する指標としてきわめて重要視しています。

ただ、配当貴族は連続増配であって、高配当とは限りません。事実、「配当貴族」

には入っていないけれど、高配当を出している企業はたくさんあります。こうした高配当銘柄への投資についても少しお伝えしておきたいと思います。

まず、高配当銘柄の特徴として、景気動向に左右されにくい安定した収益を持つ、成熟した産業が多いということがあります。株主にとっては、株価が値下がりしても、配当による収入があるので、全体のリターンとしては安定しやすく、リスクの低減に役立ちます。しかし逆に、高配当銘柄はすでに成熟している企業が多いので、業績の大幅な成長は期待できません。

このため、株価の上昇が限定的な場合が多いでしょう。高配当はとても魅力的ですが、中には他社と比べて業績が良くないため高い配当で投資家をつなぎ止めようとしている企業があることも確かで、この点には注意しないといけません。その会社が長期的に高配当を維持できる業績を今後も達成できるとは限りません。高配当銘柄に投資するなら、そうした点を充分理解した上で取り組むことが必要です。引退まで時間がある人が、高配当銘柄の配当金を再投資しながら長期目的の株価の値上がりも期待するのも良いと思います。

配当貴族銘柄と高配当銘柄のどちらの投資にしても、配当金が目当ての投資は、アグレッシブな投資家にとっては退屈かもしれません。シリコンバレーのテックカンパニーのような激しく成長している会社に比べ、大きな成長も望みにくいでしょう。

しかし「第二の人生」では心穏やかに、不安を感じることなくお金を使いながら増やしたいのではないでしょうか。そういう方には成長株のようなワクワク感はないかもしれませんが、安定して配当金を出している企業への投資は、好適な選択だと思います。

配当貴族銘柄に投資するなら

では、実際に配当貴族銘柄にどのような方法で投資をすればいいか紹介しましょう。

米国株は1株から買えますから、配当貴族を構成している銘柄をすべて購入して配当金をもらうことも不可能ではありませんが、すべてを管理するのはかなり面倒で大変です。

そこでお勧めは投資信託ということになります。先に紹介した「配当貴族」銘柄で運用する投資信託を購入すれば、ほぼ66銘柄を購入して配当金をもらうのと同じ効果が得られます。

次に具体的な商品選びですが、日本で人気のある米国配当貴族の投資信託を二つ挙げてみました。

・野村・米国株式配当貴族（年4回決算型）
・野村インデックスファンド・米国株式配当貴族（Funds-iフォーカス米国株式配当貴族）

「米国株式配当貴族（年4回決算型）」は名前の通り年に4回配当金が出ます。少しまとまったお金があり、配当金（投資信託の場合は分配金）を生活費にプラスして使いたいという方に向いています。

「野村インデックスファンド・米国株式配当貴族」も、基本的な商品性は年4回決算型と同じですが、投資先企業から受け取った配当を分配せず、そのままファンド内で再投資することで複利効果を得て、基準価額を高めることを目指しているので、分配金がいっさいありません。配当金を受け取る必要がない方や毎月積立投資で配当貴族に投資されたい方にはこちらが向いています。

「野村インデックスファンド・米国株式配当貴族」はＮＩＳＡのつみたて投資枠と成

長投資枠の両方で利用できますが、「米国配当貴族（年4回決算型）」は成長投資枠でしか利用できません。

引退後のお金の使い方

引退資金のお金の使い方を考える上でぜひ知っておいてほしいポイントは、引退した時にあなたが引退資金として用意したお金を一度に使うわけではないということです。

言われてみれば当たり前のことなのですが、意外に「お金を使いながら増やしていく」という発想のない方が多いのではないでしょうか。

引退資金として用意したまとまったお金をどのような割合で、どの金融機関のどの金融商品にどれだけの期間置いておくかによって、あなたが使える金額は大きく変わってくるのです。

具体的には銀行預金、配当金（インカムゲイン）を目的とした投資、売却益（キャピタルゲイン）を目的とした投資に、準備した引退資金をそれぞれどのように振り分け、どれくらいの期間投資しながら使っていくかということです。

どの金融機関のどの金融商品にどれだけの期間置いておくのかというのは、引退資金として用意した金額、個人の投資に対する考え方や性格、その他の事情によって大きく変わってきます。ＩＦＡなどの金融アドバイスを提供する専門家に相談するのが一番良いのですが、ここでは考え方の一例として「引き出し額重視型」の例を紹介したいと思います。

例：65歳で引退、引退資金は３０００万円、国民年金を毎月6万８０００円（国民年金や厚生年金が6万８０００円以上であればその分、毎月の生活費は増えます）もらうという条件です。毎月残ったお金は緊急時のお金として預金していきます。

①65〜70歳……今後5年で使うお金＝銀行預金額９００万円＋１００万円（緊急時のお金）

・月15万円引き出す（15万円×12ヵ月×5年間＝９００万円）
・毎月の生活費は国民年金6万８０００円＋15万円＝21万８０００円

②71〜75歳……65歳から数えて6年後に使うお金＝投資金額９００万円

・900万円は配当金（投資信託なので分配金）がつく投資信託に5年間投資する。分配金は引き出して、緊急時の銀行預金口座に預金する。分配金合計は5年分約60万円

＊分配金は野村・米国株式配当貴族（年4回決算型）に900万円を投資して3ヵ月に一度分配金を約3万円引き出す、すなわち年間約12万円、5年の合計金額約60万円と計算（基準価額2万2144円＝2025年1月現在、分配金75円×年4回）

・毎月の生活費は国民年金6万8000円＋15万円＝21万8000円
・900万円以上の増えた金額（分配金）は緊急時のお金に足していく
・71歳からは月15万円引き出す（15万円×12ヵ月×5年間＝900万円）

③76～80歳……65歳から数えて11年後に使うお金＝投資金額500万円
・S&P500インデックスファンドAで10年間投資する
・6%の平均利回りが出た場合、10年後には895万4238円になっている
・76歳からは月15万円引き出す（15万円×12ヵ月×5年間＝900万円）
・毎月の生活費は国民年金6万8000円＋15万円＝21万8000円

④81〜90歳……65歳から数えて16年後に使うお金＝投資金額４００万円
・S&P５００インデックスファンドBで15年間投資する
・８％の平均利回りが出た場合、15年後には１２６８万８６７６円になっている
・81歳からは月10万５０００円引き出す（10万５６６６円×12ヵ月×10年間＝１２６７万円）
・毎月の生活費は国民年金６万８０００円＋10万５０００円＝17万３０００円

⑤91〜１００歳……65歳から数えて26年後に使うお金＝投資金額２００万円
・２００万円はS&P５００インデックスファンドCで25年間投資する
・８％の平均利回りが出た場合、25年後には１３６９万６９５０円になっている
・91歳からは月11万４０００円引き出す（11万４０００円×12ヵ月×10年間＝１３６８万円）
・毎月の生活費は国民年金６万８０００円＋11万４０００円＝18万２０００円

60代と70代の引き出し金額が多いのは、先ほどお伝えした通り、体力や気力があっ

①

65~70歳で
使うお金
1000万円
生活費
900万円
緊急のお金
100万円
生活費用
銀行口座
緊急用
銀行口座
月15万円
出金
余った生活費
65~70歳で
使うお金
15万円
6.8万円
（年金）
21.8万円/月
生活費

②

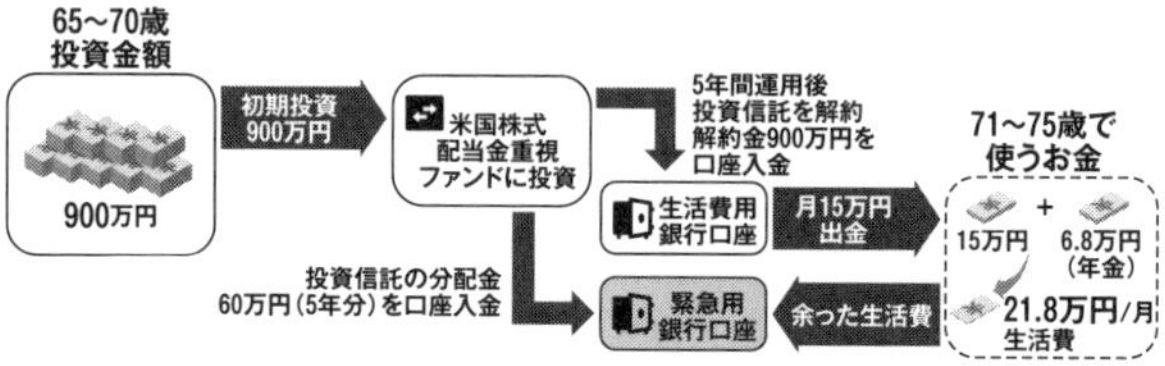
65~70歳
投資金額
900万円
初期投資
900万円
米国株式
配当金重視
ファンドに投資
5年間運用後
投資信託を解約
解約金900万円を
口座入金
投資信託の分配金
60万円（5年分）を口座入金
生活費用
銀行口座
緊急用
銀行口座
月15万円
出金
余った生活費
71~75歳で
使うお金
15万円
+
6.8万円
（年金）
21.8万円/月
生活費

③

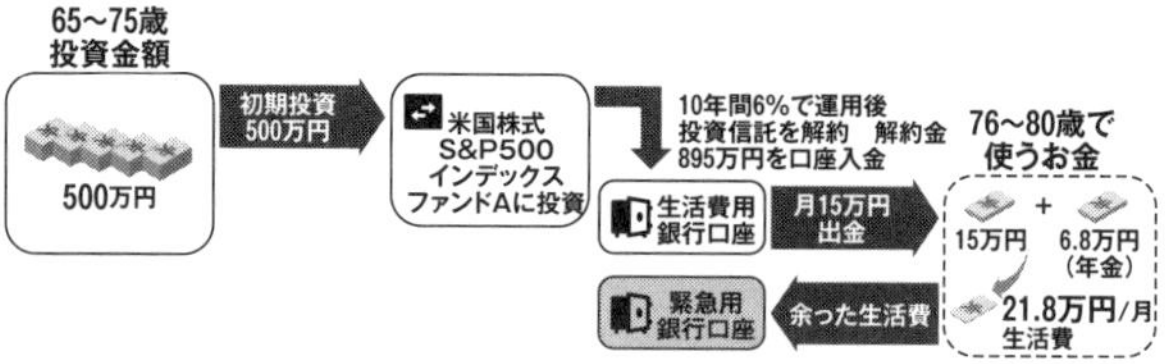
65~75歳
投資金額
500万円
初期投資
500万円
米国株式
S&P500
インデックス
ファンドAに投資
10年間6%で運用後
投資信託を解約　解約金
895万円を口座入金
生活費用
銀行口座
緊急用
銀行口座
月15万円
出金
余った生活費
76~80歳で
使うお金
15万円
+
6.8万円
（年金）
21.8万円/月
生活費

④

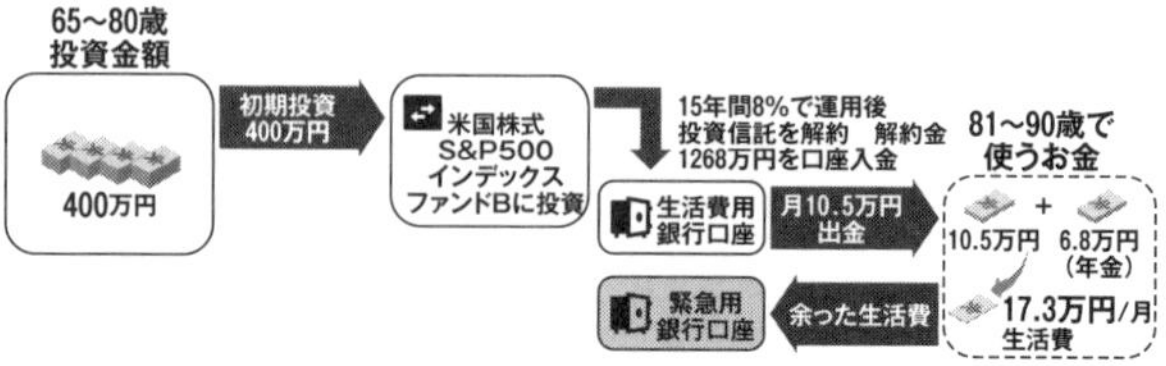
65~80歳
投資金額
400万円
初期投資
400万円
米国株式
S&P500
インデックス
ファンドBに投資
15年間8%で運用後
投資信託を解約　解約金
1268万円を口座入金
生活費用
銀行口座
緊急用
銀行口座
月10.5万円
出金
余った生活費
81~90歳で
使うお金
10.5万円
+
6.8万円
（年金）
17.3万円/月
生活費

⑤

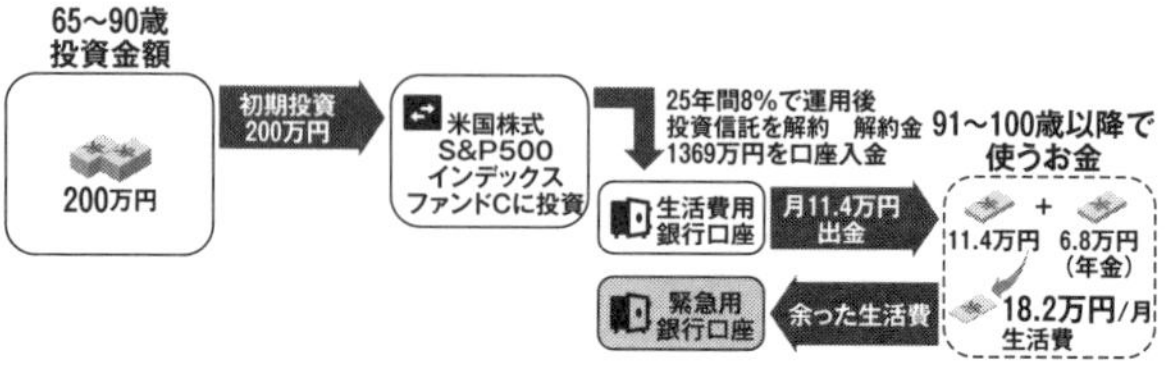
65~90歳
投資金額
200万円
初期投資
200万円
米国株式
S&P500
インデックス
ファンドCに投資
25年間8%で運用後
投資信託を解約　解約金
1369万円を口座入金
生活費用
銀行口座
緊急用
銀行口座
月11.4万円
出金
余った生活費
91~100歳以降で
使うお金
11.4万円
+
6.8万円
（年金）
18.2万円/月
生活費

て「第二の人生」を楽しめるのはこの年代が中心だからです。もちろん80代や90代になっても同じ体力や気力の人もいるでしょうし、画期的な若返りの薬ができて多くの人が元気な100歳を迎えられる日が来るかもしれません。しかし今の段階ではそのような薬はできていないので、60代と70代で「第二の人生」を楽しめるように配分を高くしました。

80代と90代になるまでには65歳から見て15年以上あるので、今まで通りの株式投資を続けても問題ありません。株式市場が心配な方であれば、配当金が出る投資にして配当金を再投資して、「ダブル複利」を目指してもいいかもしれません。この例では引退資金として準備した3000万円が、91歳までに投資で5494万円になりました。引退しながら2494万円を増やしたことになります。もちろんこれは過去の投資実績を基に作成した数字ですので、必ずこの通りになるという保証はありませんが、過去の米国株投資の実績から、大幅な修正が必要な数字にはならないと私は確信しています。

この例に挙げた引退資金のお金の使い方は、投資して増えたお金を決められた年齢が来たら銀行預金に移して、毎年決まった金額を引き出していくという「引き出し額重視型」の考え方です。この引き出し方のメリットは、引き出している間は銀行預金にお金があるので、株式市場が乱高下しても影響を受けないということです。デメリットとしてはインフレ率が上昇した時に、現状では銀行預金に入れている限り利子がほとんど付かないのでお金の価値が下がっていくかもしれないということです。

その他にも「引き出し率重視型」として、アメリカのファイナンシャルプランナーであるウイリアム・ベンゲンが1994年に提唱した「ベンゲンの4%ルール」の考え方もあります。

30年にわたり、資産額の4%を毎年引き出しながら、資産が尽きない確率を高めることを目的とした考え方です。簡単に言うと「資産を運用しながら毎年4%お金を使う」ということです。米国株式市場や債券の過去のデータを基にしており、資産の運用利回りが4%を超えていれば資産を運用しながらお金を使っても資産が枯渇するリスクが低いとされています。インフレ率を2%と考えた場合、引き出す4%分と併せて、6%以上の平均利回りで資産運用ができればこのルールが成り立つことになります。すなわち、あなたが投資している金融商品が6%以上の平均利回りであれば、資産額から毎年4%のお金を引き出して使っても資産が枯渇するリスクが少ない、ということがこの引き出し方のメリットになります。

ただし、株式市場で投資する場合は市場が上下したり、一時的に市場がクラッシュすることがあるので、そのリスクをどう考えるかというのが「引き出し率重視型」の難しいところです。

また、最近ではあらかじめ引き出しの年を決めて投資する「ターゲット・イヤーファンド」という便利な投資信託もあります。これはあなたが引退してお金を引き出す年に合わせて、ファンドマネージャーがポートフォリオの内容を見直してくれる投資信託です。

最初は積極的運用から始めてターゲット・イヤー（運用の最終目標時）に向けてリスク資産比率を引き下げ、ターゲット・イヤーに達したら安定運用となるような資産配分変更を自動的に行う投資信託です。たとえばあなたが現在50歳で、15年後に引退するとします。２０２５年から資産運用を始めるならターゲット・イヤーは２０４０年になりますから、単純に「ターゲット・イヤー２０４０年」の投資信託を購入すれば良いのです。

それぞれの会社によって金融商品名は違いますが、ターゲット・イヤー投資の目的は同じです。現在65歳で80歳から引き出すお金であれば、15年後に使うお金になりますから、「ターゲット・イヤー２０４０年」の投資信託で資産運用してもよいのです。

ただ、注意していただきたいのは、退職金や銀行預金や貯蓄型保険などで貯めたお金を使って引退後にはじめて投資に挑戦する人や、投資経験が5年未満の方は、まとまったお金で投資をする時には、必ずIFAなどの金融アドバイスを提供する専門家なども交えながら引退後の資金計画を慎重に練った上で、取り組んでほしいということです。

引退してはじめて投資を始めるという場合、万一、大きく資産を減らしてしまった場合、取り戻す時間が限られます。しかも、投資は精神的なリスクが高いものです。投資したお金のことを毎日心配して、健康を害してしまったのでは元も子もありません。投資に対して必要以上に怖がる必要はありませんが、リタイヤ後はとにかくあなたにとって無理のない範囲で投資することを強くお勧めします。

引退後にそれまでに作った資産を取り崩すことは仕方のないことですが、残高が減っていくのを目にするのは誰にとっても不安です。大きな蓄えがあるのにお金を使うことができないまま亡くなる人がいるのもそのためでしょう。しかし、せっかく「第二の人生」のために作った資産を将来の心配や不安のために使わないことほどもったいない話はありません。

また、引退した65歳から毎月積立投資を15年続けて80歳から使うお金のための資産運用を始めてもいいのです。このような投資に対する柔軟な考え方こそが、あなたの寿命まで『サイレントリッチ』でありつづけられる考え方なのです。

お金の使い方――現役編

お金の使い方、引退後編を読まれて、「第二の人生」のイメージやお金の使い方が少しでも想像できたでしょうか。現役時代から「投資」をして『サイレントリッチ』を目指すあなたには、なんといっても「時間」というお金と同じくらい大切な財産があります。この「時間」という財産を大いに利用することが、現役時代に投資を始める最大のアドバンテージです。

労働収入がある40代以下の人が最初に用意しないといけないのは、「引退資金」を確保するための長期運用資金です。引退までにまだ20年以上あり、どの投資内容が良いのか分からない、あるいは調べる時間がないのであれば、とりあえず、ＮＩＳＡのつみたて投資枠を使ってＳ＆Ｐ５００インデックスファンドの投資信託で積立投資を始めてみてはどうでしょうか。

現在の収入や引退までの年数や生活状況によって毎月の積立額は変わってくると思

いますが、どんなに少なくても毎月3000円以上を投資し、毎月の積立額を徐々に上げていき、最終的には毎月1万円以上は投資できるようになるのが理想です。複利計算ができるアプリや電卓があるので、あなたが引退する時にどれくらいの金額に増やしたいかを逆算して、毎月の積立投資金額の参考にすることもできます。

次にお金を使うのは、あなたに子どもがいれば大学などの教育資金や家の頭金にする資金などの中期運用資金です。簡単に言うと10年後以降に使うお金です。

投資目的は人それぞれ違いますが、この中期運用資金もどの投資内容が良いのか分からない、あるいは調べる時間がないのであれば、S&P500インデックスファンドの投資信託で積立投資を始めてみてはどうでしょうか。NISAのつみたて投資枠あるいは成長投資枠（成長投資枠でも毎月の積立投資はできます）を使えば、利益が出ても税金は掛かりません。

最後にお金を使うのは、5~6年を目処に使うであろう短期運用資金です。「年に4回は高級レストランで食事をする」「年に一度は少し高めの温泉旅館に宿泊する」とか「5年に一度は海外旅行に行く」といった、「プチ贅沢」や「プチドリーム」など、現役時代に実現できる楽しみに使うための投資です。引退資金や10年以上の中長期の投資ばかりだと、せっかく投資をしていても増えたお金を使って楽しむことができません。

少しまとまったお金があればそれを年4回の配当金が出るような銘柄に投資して、その配当金でいつもより高級なレストランで食事をすれば、「年に4回は高級レストランで食事をする」というプチ贅沢が実現します。あるいは年4回もらえる配当金を貯めておいて、「年に一度は少し高めの温泉旅館に宿泊する」のもいいかもしれません。

若い時から配当金が出る投資を経験することは、将来の引退資金の使い方にその経験を活かせるというメリットもあります。また、株やETFや投資信託に投資して、5年後に売却益（キャピタルゲイン）で「5年に一度は海外旅行に行く」というプチドリームを実現させることもできます。

長期運用資金、中期運用資金、短期運用資金、この三つの運用資金の使い方は人それぞれ違います。大切なのは必ず目的ごとに分けて運用することです。どうして複数の投資が必要かというと、これらの資金を使う時期が違うためです。

絶対にしてはいけないのは、引退資金の目的で投資している長期運用資金から、中期運用資金や短期運用資金の目的のためのお金を引き出すことです。この引き出しを始めてしまうと何かの理由でお金が必要になった時に引き出す癖がつくので、結果的に引退時に目標の額に達していなかったということになります。

そのために投資商品は目的の数だけ持って投資をするということがとても重要になります。

お金の使い方に関しては10人いたら10人それぞれの状況や考え方が違うので本書の中でご説明するのが難しいのですが、一つだけしかできないという場合は、すべての人に当てはまるのは「引退資金」を目的にした長期運用資金です。なぜなら人は必ず引退する時が来るからです。40代以下の方には「時間」というすべての人が平等に持っている財産があります。この「時間」を無駄にしないように今すぐに始めてください。

将来、あなたが引退する時、あなたはすでに『サイレントトリッチ』になっていて、「やっておいて良かった」という言葉を発することになるのです。私は、今まで、この「やっておいて良かった」という言葉を何回聞いたか分からないくらいです。

あなたが投資について勉強する時間や調べる時間がないのであれば、「まずはS&P500インデックスファンドの投資信託で積立投資を始めてください」とアドバイスしていますが、もちろん、ご自分で投資内容を勉強したり調べたりして納得した内容の投資信託やETFや株があれば、それがベストです。しかし私の経験上、投資内容を勉強したり調べたりしてから始めると言っている方は、気付くと1～2年が経ち、5年以上経っても何もしていないという方が多いのです。

まずは始めてみるという行動をとっていただきたいのです。40代以下の方には「時間」という大きな財産がまだまだあるのです。この「時間」は誰もが平等に与えられている財産です。「時間」があれば、「複利」を利用して少額で大きな資産を作れるのです。

50代以上のお金の使い方

50代以上のお金の使い方で40代以下の人と違うのは、「時間」という財産が下の世代に比べると少ないということです。まだ充分な引退資金の準備ができていないなら、引退資金作りのために集中してお金を使わないといけません。現在55歳で、65歳で引退したい場合はあと10年しかありません。今までに投資をした経験がなかったとしても、50代以上になると預貯金や貯蓄型保険の解約払戻金や会社での財形貯蓄などが、それなりに貯まっているのではないでしょうか。また、国民年金や厚生年金の大体の支給額も具体的な金額として分かってくるはずです。分からない場合は年金事務所やねんきん定期便で確認してください。

まず、あなたが持っている現状の流動資産や国からの予定年金額、もし退職金がもらえるのであればその金額も書き出してください。これらの数字を把握した上で、あなたが一括投資や毎月積立投資ができるのであれば、お金を使い始める時間軸を次のように考えて米国株式投資を始めることをお勧めします。

①55〜65歳→10年後に使うお金＝まとまった資金を配当金に重点を置いた投資先に一括で投資し、それに毎月積立投資する。
②55〜75歳→20年後に使うお金＝まとまった資金を売却益に重点を置いた投資先に一括で投資し、それに毎月積立投資する。
③55〜85歳→30年後に使うお金＝売却益に重点を置いた投資先に毎月積立投資する。

具体的な数字で見ていきましょう。
例：サラリーマン、55歳、現在の資産額500万円、厚生年金受取予定月額15万円
①400万円を配当金に重点を置いた投資先（平均利回り6％）に一括で投資し、そ

れに55～65歳まで毎月1万円を追加で積立投資する。
↓10年間で883万9988円に。これを66～75歳まで使うお金にあてる
883万9988円÷120ヵ月（10年）＝7万3666円
7万3666円＋15万円（厚生年金）＝22万3666円（1ヵ月）

②100万円を売却益に重点を置いた投資先（平均利回り8％）に一括で投資し、それに55～75歳まで毎月1万円を追加で積立投資する。
↓20年間で1059万1708円に。これを76～85歳まで使うお金にあてる
1059万1708円÷120ヵ月（10年）＝8万8264円
8万8264円＋15万円（厚生年金）＝23万8264円（1ヵ月）

③55～85歳まで毎月1万円を売却益に重点を置いた投資先（平均利回り8％）に積立投資する。
↓30年間で1468万1504円に。これを86～100歳に使うお金にあてる
1468万1504円÷180ヵ月（15年）＝8万1563円
8万1563円＋15万円（厚生年金）＝23万1563円（1ヵ月）

①

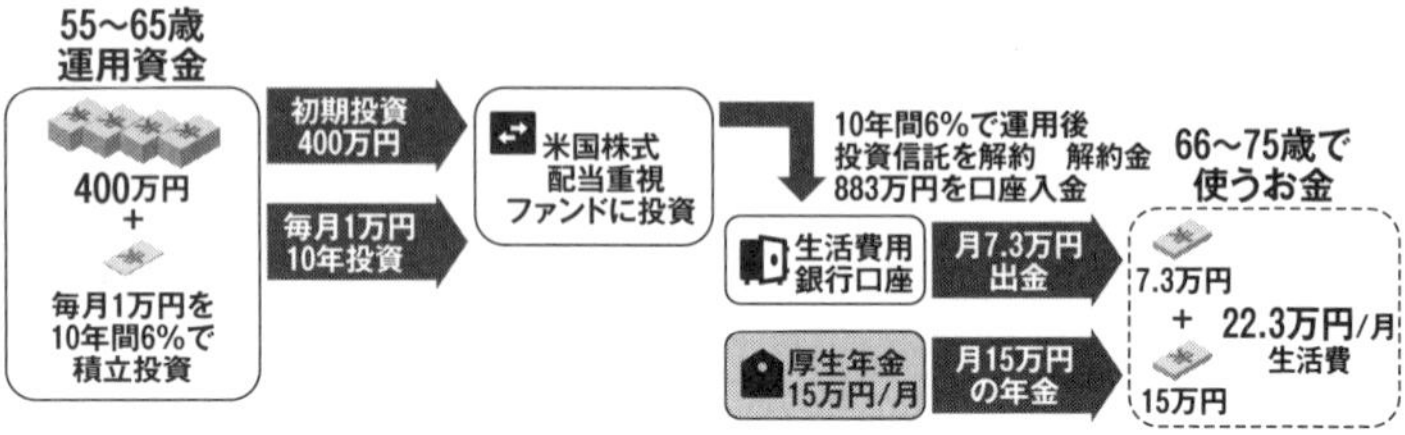
55～65歳
運用資金
400万円
+
毎月1万円を
10年間6%で
積立投資
初期投資
400万円
毎月1万円
10年投資
米国株式
配当重視
ファンドに投資
10年間6%で運用後
投資信託を解約　解約金
883万円を口座入金
生活費用
銀行口座
月7.3万円
出金
厚生年金
15万円/月
月15万円
の年金
66～75歳で
使うお金
7.3万円
+
15万円
22.3万円/月
生活費

②

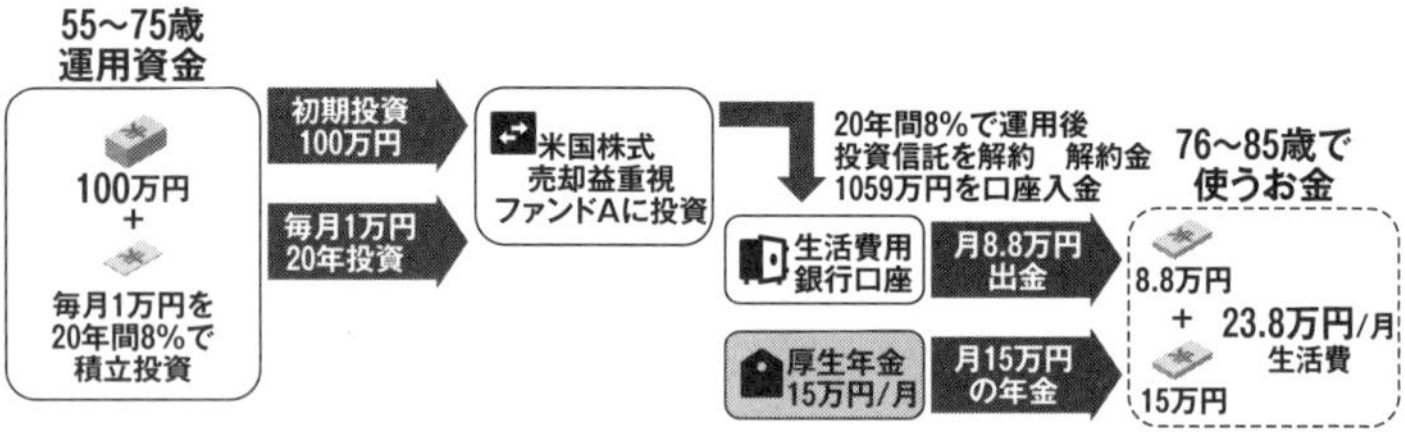
55～75歳
運用資金
100万円
+
毎月1万円を
20年間8%で
積立投資
初期投資
100万円
毎月1万円
20年投資
米国株式
売却益重視
ファンドAに投資
20年間8%で運用後
投資信託を解約　解約金
1059万円を口座入金
生活費用
銀行口座
月8.8万円
出金
厚生年金
15万円/月
月15万円
の年金
76～85歳で
使うお金
8.8万円
+
15万円
23.8万円/月
生活費

③

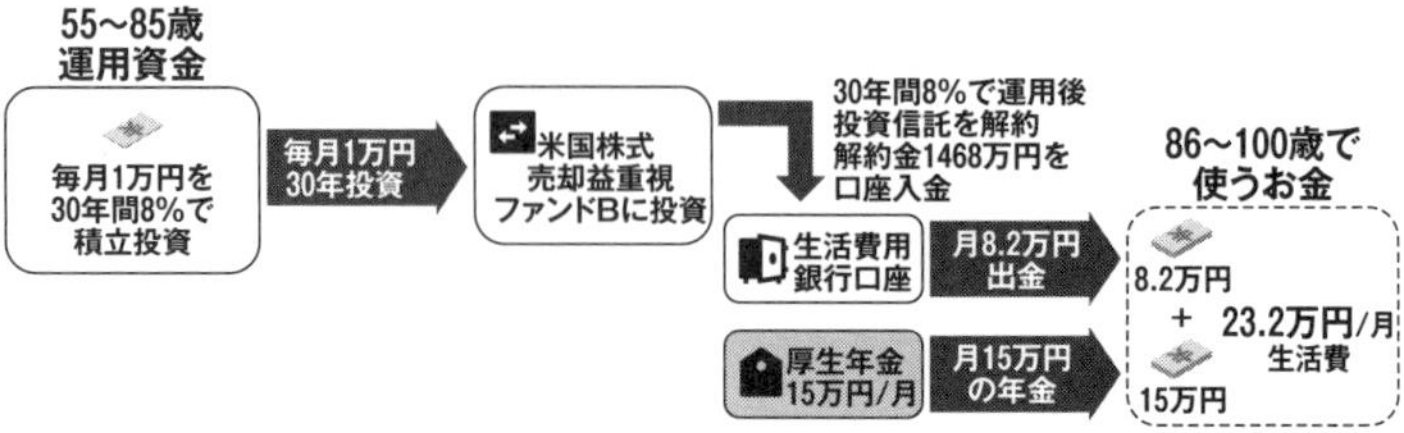
55～85歳
運用資金
毎月1万円を
30年間8%で
積立投資
毎月1万円
30年投資
米国株式
売却益重視
ファンドBに投資
30年間8%で運用後
投資信託を解約
解約金1468万円を
口座入金
生活費用
銀行口座
月8.2万円
出金
厚生年金
15万円/月
月15万円
の年金
86～100歳で
使うお金
8.2万円
+
15万円
23.2万円/月
生活費

55歳から引退資金を貯めるにあたり、あなたが投資する元本は次のとおりです。

・55歳時にあった資金額500万円
・360万円（毎月1万円の積立投資×3口×10年）
・240万円（毎月1万円の積立投資×2口×10年）
・120万円（毎月1万円の積立投資×1口×10年）

あなたが使った投資金額は合計1220万円になりますが、この投資によってあなたが引退資金として65歳から100歳までに使えるお金の合計は3411万3200円になるのです。

55歳から65歳までは10年しか時間はありませんが、55歳から85歳までの時間は30年あります。少しでもまとまったお金があり、そのお金を投資しながら同時に毎月積立投資も続けていくと、人生半ばから始めても「複利と時間」を使って『サイレントリッチ』になることは可能です。

もちろんこれは過去の投資実績を基に作成した数字ですので、必ずこの通りになるという保証はありませんが、過去の米国株式投資の実績から大幅に修正が必要な数字にはならないと私は確信しています。

「倹約家」と「節約家」の違い

ここからは日々のお金の使い方についてお伝えしましょう。といっても、食費や光熱費を抑えるテクニックではありません。現役時代に身につけてほしいのは、「倹約」という発想です。

「倹約」と似た言葉に「節約」がありますが、両者はまったくの別物です。みなさんが『サイレントリッチ』を目指すのであれば、「正しい倹約」の仕方を身につけてほしいのです。

アメリカに住んでいると色々な億万長者に出会いますが、私の周りには庶民的な生活をしている人が多いのは確かです。見た目で億万長者と分かる人はあまりいません。乗っている車も、アメリカ車か日本車の3〜4年落ちのセダンかトラックです。ヨーロッパの高級車に乗っている人もいますが、スーパーカーに乗っている人はあまり見ません。とにかくどこにでもいる普通の人が乗っている車がほとんどです。

カリフォルニアという土地柄のためか、服装もTシャツと短パンが定番です。フェイスブック創業者のマーク・ザッカーバーグが同じTシャツを何枚も持っていて毎日ローテーションで着ている話は有名ですが、あんな感じです。お金を持っているのに億万長者はどうして新車を購入しないのでしょう？　どうして高級ブランドの服を着ないのでしょうか？　億万長者のこれらの行動は合理的な目的や考えがあるようです。それは『サイレントリッチ』を目指す上でとても参考になる考え方です。

たとえば、新車を購入しても、買った瞬間から中古車になってしまいます。

車の査定額は1年目で20〜30％下落し、3年後には40〜50％下がると言われています。ただし、車の質や性能がそれほど下がるわけではありません。億万長者は、車の状態や価格を見た時に、3年落ちの中古車が一番価値があると考えるのです。3年落ちなら、新車でも売られているモデルでしょうから一見して古さは感じないでしょう。コストパフォーマンスを考えた場合、とても良い買い物なのです。

同じ服を何枚も持ってローテーションで着るメリットは、毎日、何を着ようかと考える時間が必要なくなることです。マーク・ザッカーバーグの服装がこうした意図からなのかどうか確認したことはありませんが、彼らのように超多忙な人にとって忙しい朝に服選びに時間をかけている暇があれば、その時間を情報収集に使ったほうが有効でしょう。億万長者のこのような考え方は、目的を持って行動し、状況に応じて正しくお金を使う「倹約家」という表現がピッタリではないでしょうか。

それに対して「節約」という行動は、一歩間違うと真逆の結果になってしまうので気を付けないといけません。

私の友だちのサンドラは小さい旅行会社を経営しています。ある日、マイケルというクライアントから電話があり、サンドラの提出した飛行機チケットの見積もりが、ライバル社の出した見積もりより1ドル高いと言われました。

マイケルは15分かけて車で駆けつけ、2ドル値下げしてほしいと交渉しに来たそうです。ガソリン代と時間を考えれば、マイケルはすでに2ドル以上のお金を使っているのではないでしょうか。これでは仮に値下げに成功しても、節約したことになりません。同じような例として、私の知り合いのリンダも日々の支出を減らして「節約」するために努力や工夫をしている女性です。彼女は隣町のスーパーで特売があれば少々遠くても買いに行くタイプの節約家です。ただ、面白いのは隣町のスーパーに行って特売で買い物できた時も、疲れたからと帰宅する前にスターバックスに入り、10ドルのドリンクを注文して休憩する癖があるのです。これは本当の意味で「節約」になっているのでしょうか。

『サイレントリッチ』を目指すあなたには「倹約家」になることをお勧めします。

目的を持ってお金を使う

現在、労働収入があり引退まで時間があるあなたは、これから色々な人生の選択をしていくことになります。その選択はあなた自身が決めないといけないことであり、しかもその選択が正しいのか、間違っているのかは後にならないと分かりません。

ではなぜ、『サイレントリッチ』になるために倹約的な思想が必要なのでしょうか。

その理由の一つが「お金の使い方」です。

先ほど、『サイレントリッチ』を目指すあなたには「倹約家」になることを勧めたばかりですが、もう一度おさらいすると「倹約家」とは目的を持って行動して、状況に応じて正しくお金が使える人を言います。

この「正しくお金が使える」ということを「節約してお金を貯める」あるいは「節約してお金を投資する」という意味に取り違える人が少なくありません。性格的に真面目で自分に厳しい人ほど「節約家」に変わることが多い気がします。たとえば「通帳の数字が増えるのを見るのが唯一の楽しみ」という人は要注意です。

では、投資以外のお金は何に使えばいいでしょうか。

『サイレントリッチ』を目指す人にとってその答えは、年齢にあった「経験」に使うべきということになります。

20代でしか得られない経験、30代でしか得られない経験、パートナーとしか得られない経験、子どもとしか得られない経験などです。

「経験」はいま、あなたが生きている瞬間の行為であり、その瞬間によってその価値は変わります。そしてあなたが年を取った時にかけがえのない思い出になるのです。

だとすれば、その瞬間に必要な経験にお金を使うことは、きわめて重要な行為であり、特に若い、現役の時に必要なことなのです。


ここで少し、私の20代の頃の話をさせていただきます。

私の20代の「経験」は、大学2回生が終わった時に大学を1年間休学して、語学留学したことに始まります。それまで私は海外旅行に行ったこともない、普通の日本の大学生でした。

当時は留学ブームもあり、多くの若者が海外に憧れた時代です。大学に休学届を出しに行った時のことは今でもよく覚えています。事務局に提出する休学届の理由欄には「海外留学のため」と書きました。部屋の中から出てきた事務局のトップの人に

「どの国に行くのですか?」と尋ねられ、当時、留学先として人気のあった「オーストラリアです」と私が答えると、「それでは休学は認められません。英語を学びに行くのであれば、イギリスかアメリカにしてください」と淡々と言われたのです。イギリスは私の友だちが留学をしていて、食べ物が美味しくないと言っていたので、それならアメリカだと単純に思いました。

アメリカにも西海岸から東海岸まであり、寒い所は嫌だったので消去法で西海岸に決めました。今から思えば、こんな単純なことで留学先を決めるのかと呆れられそうですが、この「経験」が私の人生を大きく変えることになったのは間違いありません。

そこからアメリカと関わる人生が始まり、今に至るのです。もし、私の両親が「倹約家」思考でなければ、海外留学にお金を出すという考えにはならなかったでしょう。その意味で両親には感謝しかありません。

もし、あなたが結婚していて子どもがいるなら、家族で色々な「経験」をすることをお勧めします。家族でキャンプ場に行ってバーベキューをするのもいいし、旅行に行けるならなおいいでしょう。年に一度は少し高めのレストランに行って家族で緊張しながら食事をするのも悪くありません。こうした「お金の使い方」は、あなたの子どもに世の中にはこういう世界があるのだと目を開かせることになるはずです。それはあなた自身にも言えることです。20代で得た「経験」は30代になった時の糧となり、30代で得た「経験」は40代になった時の糧になるでしょう。家族で行動した「経験」は、子どもが自分で人生の選択をする時の糧になるのです。

もちろんお金を出さなくてもできる「経験」もたくさんありますが、お金を出さないとできない「経験」に大きな価値があるのは言うまでもありません。「経験」にお金を使うことにより、将来自分が何にお金を使うことで幸せを感じられるかを知ることになるのです。

そうした価値観が、あなたの中で明確になっていれば、他人と自分を比較する必要もなくなるでしょう。何によって幸福を感じられるかが分かれば、そのために必要なお金と、その価値も自然に分かってきます。

それが運用に対するモチベーションを高めることになり、結果として『サイレントリッチ』に到達する確率も高くなります。また、人生の最終段階を迎えつつある年齢の方からしばしば耳にするのは、「経験」「思い出」が心の支えになるというお話です。家族や大切な人との思い出、成功体験、趣味やイベント、旅先で見た美しい風景や美味しい料理など、思い出の引き出しが多ければ多いほど、自分のこれまでの人生に意味を見出すことができ、安らぎや感謝の気持ちが湧いてくるといいます。

その意味でも「倹約家」として「経験」に積極的にお金を使うのは、きわめて大切なことなのです。

おわりに

『サイレントリッチ』を最後まで読んでいただきありがとうございました。

この本には、私のアメリカでのＩＦＡとしてのキャリアで得た知識と経験のすべてのエッセンスが入っています。ＩＦＡとしてのキャリアをスタートしたばかりの20代の私を信じてクライアントになってくださった大勢のみなさまとは、今では家族同様のお付き合いをさせていただいています。

投資やお金のことはもちろん、私の人生観を大きく変えたのは、20代から現在までたくさんの方々と出会って、色々なお金と人生のストーリーを知ることができたことです。

この経験は私の財産であり、迷った時にはまるでスマートフォンの地図のように、この方向やあの方向もありますがどの方向を選びますかというように、あらかじめいもくつも人生の答えを用意してもらっていたような感覚でした。そしてなんといってもたくさんの方が、実際に『サイレントリッチ』になられて「第二の人生」を謳歌されているることが、私にとっての誇りであり、喜びです。

この本を読まれた読者の方が『サイレントリッチ』を目指して投資を始めていただくきっかけになれば幸いです。

誰にも気づかれず静かに金持ちになれる資産形成術で『サイレントリッチ』になられたら、好きな時に好きなことを好きなだけできる人生をエンジョイしてください。

いつかどこかでみなさまとお会いできることを楽しみにしています。

2025年1月

松田ロアンナ理彩

［著者紹介］

松田《まつだ》　ロアンナ　理彩《りさ》

大学卒業後、アメリカ人との結婚を機にロサンゼルスに移住する。シティグループ・マーケティング部門で米国証券ライセンスを取得し、一般家庭、個人事業主、中小企業を顧客とする金融サービスに従事する。同社10万人のエージェント中、証券部門で常時全米トップ30の販売実績をあげ、2001年に同社のフランチャイズオーナーとなる。現在ロサンゼルス・クパチーノ（シリコンバレー）・シアトルにオフィスを構えている。ＩＦＡ（独立系ファイナンシャルアドバイザー）として25年以上の実績を持つ。本書がはじめての著作となる。

サイレントリッチ

誰《だれ》にも気《き》づかれずに億《おく》り人《びと》になる静《しず》かな投資術《とうしじゅつ》

2025年３月24日　第１刷発行

著者

松田《まつだ》ロアンナ理彩《りさ》

発行者

篠木和久

発行所

株式会社 講談社　KODANSHA

〒112-8001　東京都文京区音羽2-12-21

電話　03-5395-3522（編集）

03-5395-5817（販売）

03-5395-3615（業務）

装幀・本文デザイン

藤塚尚子（e to kumi）

印刷所

株式会社ＫＰＳプロダクツ

製本所

株式会社若林製本工場

本文データ制作

講談社デジタル製作

ISBN978-4-06-539185-3